第三版

Third Edition

21 世纪图书馆新论

New Perspectives on the Library of the 21st Century

吴建中 著

By Wu Jianzhong

上海科学技术文献出版社

Shanghai Scientific and Technological Literature Press

图书在版编目（CIP）数据

21 世纪图书馆新论 / 吴建中著．—3 版．—上海：上海科学技术文献出版社，2016.4

ISBN 978-7-5439-6977-3

Ⅰ．① 2… Ⅱ．①吴… Ⅲ．①图书馆学—研究 Ⅳ．① G250

中国版本图书馆 CIP 数据核字 (2016) 第 039749 号

责任编辑：邹西礼
装帧设计：有滋有味（北京）

---

21 世纪图书馆新论（第三版）
吴建中　著
出版发行：上海科学技术文献出版社
地　　址：上海市长乐路 746 号
邮政编码：200040
经　　销：全国新华书店
印　　刷：上海中华商务联合印刷有限公司
开　　本：890×1240　1/32
印　　张：9.875
字　　数：210 000
版　　次：2016 年 4 月第 3 版　2016 年 4 月第 1 次印刷
书　　号：ISBN 978-7-5439-6977-3
定　　价：45.00 元
http://www.sstlp.com

三版序

本书自1998年出版至今，已经有18个年头了。承蒙广大读者的厚爱，本书得以再版重印，并相继出版了英文、日文和中文繁体字版，多次被列为较有影响的专业著作，被引率一直处于高位。国内一些图书情报学教学与研究机构也将其列入参考书目。第二版出版于2002年，很多数据和信息现在看来已经明显过时，为了对读者负责，出版社希望我借重印的机会再作一次修订。

本书修订的过程是对近20年图书馆事业发展进行全面盘点和梳理的过程。原来以为过时的数据只要更新一下就可以了，后来发现很多地方需要重写。图书馆处于变革的时期，新生事物层出不穷、日新月异，尤其是一些技术性业务，近20年内已更新数代。同时，近年来又涌现了不少新的业务项目和内容，需要添加进新版之中。但值得欣慰的是，初版确定的总体框架没有发生多大变化，三个重心转移（即工作重心从书本位向人本位转移，业务重心从第二线向第一线转移，服务重心从一般服务向咨询服务转移）、三个延伸（收藏：向各种文明记录及其载体延伸，业务：向馆外延伸，服务：向社区及家庭延伸）和两个中心（图书馆是终身教育和文化娱乐中心，图书馆是信息传播与交流中心）的目标已经或正在实现，尤其是以人为本这一贯穿全书主线的管理理念正主导着图书馆事业健康有序地向前发展。

本书修订的过程也是对图书馆未来发展再思考和再提炼的过程。在修订过程中我一直在思考：虽然总体框架不变，但20年前与现在有什么区别？是量的增减还是质的变化？这些年图书馆正处于转型时期，在转型的过程中图书馆不断地在超越自己，提升自己。最近国际流行的“超越素养”理念和“超越获取”运动为图书馆创新和转型注入了新的活力。原先图书馆注重营造阅读环境，现在除了阅读以外，很多图书馆尝试拓展新型服务和业务项目。经过一段时期的转型，图书馆主流业务已经从重借阅转向重综合素养，更加关注为人的全面发展提供基本技能的服务。第三版对第三个重心转移作了新的诠释，提出了“从一般服务到参考咨询服务是一个飞跃，从一般参考咨询服务到深度参与型服务是又一次新的飞跃”的观点，也就是说，图书馆的价值链要延长，从原来单纯地提供信息到互动参与，即参与到读者解决问题的过程以及让读者参与到图书馆工作的过程之中。

本书在修订过程中得到上海科学技术文献出版

社梅雪林社长、邹西礼副总编辑的大力支持和指导，邹西礼作为责任编辑给予了具体的指点和帮助，褚树青、姚春杰、翁颂震、方愉等同志提供了本书需要的图像资料，在此一并表示衷心感谢。本书初版以来一直得到广大读者的热心支持和悉心指点，尽管作者做了很大努力，但由于水平有限，书中难免还有疏失之虞，恳请各位继续不吝赐教，以便今后修订时予以改正。

吴建中

2015 年 12 月 8 日于上海

二版

序

《21世纪图书馆新论》初版至今已经5年了。这些年来图书馆界日新月异的变化，迫使我们不断对图情理论与实践进行重新思考和认识。今天，人们已经不再议论图书馆是否会消亡，而是更多地去思考如何应对新技术和新环境的挑战，如何在更广泛的发展空间中完成新的使命，实现新的目标。

激发我对《21世纪图书馆新论》再版修订的是本世纪初图书馆界的两大新生事物："2040年的图书馆"项目的出台和亚历山大图书馆新馆的开馆。

"2040年的图书馆"是荷兰公共图书馆协会一个研究项目，该项目把研究重点放在公共图书馆可行、可预言的未来上。尽管这只是一个"概念图书馆"设计，但它丰富了我们的想象，增强了我们对未来的信心。

2002年10月，亚历山大图书馆新馆举行了具有历史意义的开馆仪式。亚历山大图书馆的"复活"，意味着新时代图书馆的"再生"，意味着图书馆脱胎换骨，从传统的图书馆迈入全新的知识世界。新馆的建成不仅是埃及的骄傲，也是世界的骄傲；不仅是建筑师的骄傲，也是图书情报工作者的骄傲。

本书初版以图文并茂的形式和生动活泼的事例，

阐述了“三个重心转移”、“三个延伸”以及“两个中心”的现代图书馆服务体系。由于广大同行与读者的厚爱，本书出版以后在上海曾两度印刷。2001年10月，经日本京都大学川崎良孝教授编辑，滋贺大学图书馆菅待子女士翻译，本书日文版得以在日本出版。出版时增加了日本图书馆研究会理事长盐见升教授以及川崎良孝教授的两篇论文。2002年11月，本书又经我国台湾知名图书馆学专家胡欧兰教授编辑，改名为《21世纪公共图书馆新论》，以繁体字形式在台北由文华图书管理资讯股份有限公司出版。

近年来在高新技术的推动下，图书馆事业蓬勃发展，新技术、新思维、新方法层出不穷，我意识到本书需要作进一步的修改，才能适应不断变化的发展环境。本书改版时，一方面更新了一些已经过时的数据，另一方面对过去不够成熟的思考作了进一步的梳理，并增加了一些近年来新发展的服务和概念，如虚拟参考服务和信息素养等。我深感自己才疏学浅，需要不断地学习和充实。希望借此次再版的机会，向更多的图情界同行求教，以弥补本书之不足。

在本书再版的过程中，得到上海图书馆上海科技情报研究所领导和同行的热情支持。鲍延明先生为本书日文参考文献核对书目，徐强先生、夏风先生提供了他们在国外图书馆拍摄的照片等，在此深表谢意。

由于能力有限，书中难免有疏漏和欠妥之处，祈望广大读者不吝指正。

吴建中

2002年11月18日于上海

一版

序

世纪之交，世界各国的图书馆员都在探索和规划图书馆的未来。在互联网上，我们可以看到不少有关图书馆未来的讨论。从 http://www.tiac.net/users/mpl/ideas.html 网址上，我看到这样一个电子论坛，即请网友自由描绘21世纪的图书馆。不少人在网上谈了自己的感想和意见。其中有几篇我看了以后很受启发，有一位叫乔伊斯·卫科夫的读者这样写道：

> 我去图书馆不是为了看书，而是为了获得信息、知识、智慧和教育。
>
> 因此，我想见到的不是一排排书架，而是人。他们在谈论书，在传授某种知识，在研究某一主题，在创立新的思想。
>
> 一旦有人提出一个新的问题，一群技术（指机器——译者）便随手被用来追寻答案。
>
> 那里有一个“刺激隧道”（stimulation tunnel），人们不必徘徊于书架之间进行有趣的、无目的的浏览，尽管这种方式常常会引发灵感和兴趣。相比之下，这种隧道更是多感觉的。
>
> 那里有“新知识”（what’s new）服务，你可以走到物理角，问馆员有什么新的东西，很快一

段一段信息会以视听形式传递给你。只要有人提出一个新的问题，你就马上能打破砂锅问到底。

那里有“信息仓库”（info dump），你只要问一声，告诉我有关电的全部知识，它就会从最基础的知识开始由浅入深地讲述，直到你让它停止为止。

那里有“信息剪辑师”（information tailor），能够记住你的所有问题和兴趣，当你坐下时，会对你说：“这是根据你的需要收集的所有信息资料。”

那里有“信息网络员”（information networker），帮助你与网上同一兴趣的人们对话。

这一段电子交谈文字通俗，意义深刻，使我浮想联翩。我们这些从事图书馆工作的人，对自己所从事的工作的认识和理解，恐怕还没有这位读者那么深刻。

公共图书馆只有100多年的历史。在整个历史长河中，这只是短短的一瞬间。但今天她已经发展成为现代文明社会里不可缺少的社会文化机构，遍布世界各个角落。图书馆成了衡量一个城市或地区文明程度的标志，人们把她建成宏伟壮观的标志性建筑（a monumental building），比如新建的法国国家图书馆，尽管由于其功能上的缺陷而遭到不少图书馆专家的批评，但她仍不失为巴黎最具魅力的现代化建筑之一。据说有人问当时的密特朗总统，在他的任期里哪一件事最值得纪念时，他毫不犹豫地说出这座图书馆。人们为了纪念他的功勋，便以其名字命名这座新的国家图书馆为“密特朗图书馆”。人们把图书馆建成市（居）民的“第二起居室”，把她建在超市、学校或地铁附近等人们最喜欢去、最容易去的地方。公共图书馆的数量在不断发展，质量在不断提高。今天，从街道到居委会，从乡镇到村委会，城乡每一个角落都有图书馆或阅览室。公共图书馆成了人们追求精神文化生活的最佳场所。

公共图书馆在现代社会中的作用和影响已经深入人心。在大多数国家，图书馆事业作为法的形式被固定了下来，以致任何政府、任何政治家都不会轻易地削减图书馆经费或者制定不利于图书馆发展的政策，任何影响公共图书馆发展的政策或行为都可能在市民中产生一定的反响。因此，随着人类社会的不断进步、人民生活质量的不断改善，图书馆的事业也越来越发达、功能越来越拓展。今天，公共图书馆已经成为所有社会文化组织中最完美、最贴近市民生活的网络。

在现代高新技术的推动下，图书馆正在发生着一场革命。在这场革命中，图书馆的每一个组成部分都在发生剧烈的变化，构成图书馆的各种要素现在看来都要重新定义。随着新世纪的临近，人们开始规划各类图书馆发展的蓝图。因此，对未来的研究和探索也将变得越来越迫切，越来越有意义。

这就是我写这本书的动机。我敢说，目前在第一线从事公共图书馆事业的人，未必对自己的工作都有一个明确的认识。我不想用严肃的图书馆学概论式的笔调，云描写活泼生动的图书馆事业；我想从图书馆员和读者常常讨论的热点着手，从图书馆发展的趋势出发，全面地摸索并描绘21世纪图书馆美妙的前景。

吴建中

1998年6月8日于上海

目 录

Contents

第三章
服务重心：从一般服务向咨询服务转移

第四章
收藏：向各种文明记录及其载体延伸

第五章
业务：向馆外延伸

第八章
功能二：图书馆是信息传播与交流中心

第一章

工作重心：

从书本位向人本位转移

书本位和人本位，尽管一字之差，却反映出传统图书馆与现代图书馆之间的质的区别。以书为本，图书馆业务活动围绕着书而展开，从采访到编目，从典藏到借阅，工作重心在“藏”上；以人为本，图书馆业务流程的每一个环节都围绕着人而展开。与前者不同，读者不再被认为是图书馆的客人，而是图书馆真正的主人。图书馆员的职责就是从读者的利益出发，为读者服务，向读者负责，工作重心在“用”上。有人以为，以人为本，主要体现在图书馆对读者的服务上，只要在服务方式上方便读者就可以了。其实，这一字之差，差在整个图书馆管理的观念和方式上。以人为本的办馆思想，既反映在信息收集和加工的过程里，又体现在信息传递和咨询的手段上，图书馆的整个业务环节自始至终贯穿着人本位的思想。

在这里，我们要讨论这样两个问题：一、书本位和人本位的根本区别在哪里？二、如何体现以人为本的管理思想？

鉴于藏书楼在历史上的实际作用及其与现代图书馆运行方式的明显不同，人们往往用藏书楼和图书馆作对比，来反映图书馆管理思想的落后与先进、传统化与现代化。然而，藏书楼在人类文明史上的价值，是怎么评价都不会过分的。藏书楼的功绩不仅在于使大量人类文化遗产完好无损地保存了下来，而且同时，藏书家们对书以及对书史研究的博大精深，令今天的不少图书馆史学家自叹不如。版本学、校雠学以及目录学等，是中国古代藏书家留给我们的宝贵财富。但是藏书楼毕竟是一种历史现象，在教育如此普及、技术如此发达的今天，作为以收藏和保存为主的藏书楼，已经完成了自己的历史使命，其管理思想和运行方式与以信息传播与利用为主的现代图书馆明显地不相适应。公共图书馆从成立的第一天起，就在试图摆脱藏书楼的管理思想和运行方式。从藏书楼到图书馆的演化，是缓慢而又漫长的。尽管这个过程到现在已经有100多年的历史，但是，现在的图书馆是否已经消除了藏书楼管理模式的痕迹了呢？

让我们先来回顾一下从藏书楼到图书馆的渐进过程。

从藏书楼到图书馆

其实在今天，走遍中国各个角落要找到真正的藏书楼恐怕还

图1-1　徐家汇藏书楼外景

是很不容易的了。幸存下来的即使不是名胜古迹，至少也应该属于文物保护建筑了。天一阁也好，汲古阁也好，都为人类保存下来不少宝贵的文化遗产。文化人不惜笔墨地赞美这些给人类带来无限回忆的知识殿堂，甚至企盼着在现代的图书馆里能够留下藏书楼的印迹。我也曾经期望在上海图书馆的新建筑里保留一间类似涵芬楼那样的陈列室，或者把徐家汇藏书楼的一间很有特色的欧式大书房原样移植过来。总而言之，藏书楼是人类文明史上最为珍贵的一大宝库。

不过，藏书楼最终还是被现代图书馆取代了。藏书楼的特征是保存文化典籍，一般来说，它是不对外开放的。虽然在20世纪初也有一些藏书楼对社会开放，如古越藏书楼的创始人徐树兰

图1-2　徐家汇藏书楼内景

图 1-3 古越藏书楼

（1837—1902）曾经把私人收藏的7万余卷书籍供社会各阶层人士阅览，在社会上引起很大的反响，但是它毕竟是以藏书为目的的地方。可以说，古越藏书楼现象是我国现代公共图书馆的萌芽。

在西方，现代图书馆的真正开端，始于19世纪中叶公共图书馆的兴起。在西方图书馆思潮的影响下，民国初期兴起了通俗图书馆建设热潮。民国4年（1915）教育部颁布的《通俗图书馆规程》中，就可窥见“以启发一般人民普通必需之知识为主”的开放性办馆宗旨。1916年京师通俗图书馆的全年阅览人数为约27万人次，平均每个工作日895人次。李大钊曾认为，“现在图书馆已经不是藏书的地方，而为教育的机关”[①]。从此，全国各地公共图书馆雨后春笋般地发展起来。1914年，全国有省级公共图书馆18所。据1936年统计，全国已有图书馆、民众教育馆2 520所。

① 李守常. 在北京高等师范学校图书馆二周年纪念会上的演讲. 北京：平民教育，1919（10）. 另见：李大钊全集·第三卷. 北京：人民出版社，2006：133.

可以说，20 世纪初是中国图书馆事业从旧的藏书楼向近代图书馆演变的重要时期。[①]

当时人们之所以流行“通俗图书馆”的称呼，其中一个重要原因是，在这一转折期里，真正意义上的官办公共图书馆为数不多，民间团体、民族资本家或者群众自发兴建的私立图书馆占有很大的比例。举上海为例，根据许晚成 1935 年编辑的《全国图书馆调查录》记载，上海当时有公私立图书馆 145 所，其中公立为 33 所，占 22.76%；而私立为 112 所，占 77.24%。除了图书馆以外，还有相当一部分具有图书馆功能的民众教育馆。图书馆作为普及大众教育的有效手段，在当时起到了非常突出的作用。如 1921 年创办的上海通信图书馆，规模虽小，藏书最多时仅 4 000 多册，但它利用邮寄等通信手段，每月图书外借达 500 册次，读者面覆盖至全国大部分省区，在日本、南洋都有海外通信读者，成为深受大众欢迎的通俗图书馆[②]。后来又有不少私立图书馆，如申报流通图书馆[③]、蚂蚁图书馆[④]等仿效该馆的做法，吸引更多的民众参与。1926 年开放的东方图书馆，由上海著名文化界人士张元济、王云五等发起，在创建之初就雄心勃勃，要建成上海乃至

---

① 吴慰慈等. 蓬勃发展的中国图书馆事业. 北京：书目文献出版社，1996：75.

② 朱庆祚编. 上海图书馆事业志. 上海：上海社会科学院出版社，1996：61.

③ 申报流通图书馆是申报发行 60 周年的时候开设的图书馆，该馆于 1932 年 2 月 1 日，由李公朴在上海大陆商场三楼创设，读者以店员、学徒等为主，出借图书多为进步的社会科学、文艺等书刊. 1934 年为纪念申报社长史量才，改名为量才流通图书馆. 1937 年关闭.

④ 蚂蚁图书馆是 1930 年代上海职业青年文化团体——蚁社的附属机构，该馆于 1933 年开放，1938 年关闭.

中国最大的私立图书馆，成为闻名亚洲的图书馆。东方图书馆尽管在1932年“一·二八”事变中被日军的飞机炸毁，但该馆在中国图书馆事业史上留下了极其辉煌的一页。可见私立图书馆在上海图书馆事业的发展中扮演了十分重要的角色，而当时政府兴办的公共图书馆事业却萎靡不振，一直到新中国成立以后才有了实质性的进展。

1949年10月，全国各类型图书馆只有392所，其中公共图书馆仅55所。到1980年，全国县以上公共图书馆达到1 732所，1989年达到2 512所。进入21世纪，全国公共图书馆仍持续发展。2014年底，全国县以上独立建制的公共图书馆已达3 117个，县县有图书馆的目标基本实现。①

图书馆从以私办为主到以公办为主，从以书为本到以人为本，从封闭走向开放，经历了相当长的一个历史过程。今天，公共图书馆事业不仅有了相当的规模，而且深入人心，成为市民生活中不可缺少的一项重要文化需求。现在的图书馆当然不能再叫做藏书楼了，但是藏书楼作为一种代表传统图书馆的管理思想依然存在，现在的大部分图书馆还不能说已经摆脱了藏书楼的管理思想和运行模式。

---

① 雒树刚．国务院关于公共文化服务体系建设工作情况的报告——2015年4月22日在第十二届全国人民代表大会常务委员会第十四次会议上．2015-04-23. http://www.npc.gov.cn/npc/xinwen/2015-04/23/content_1934246.htm.

藏书楼和图书馆的区别

从藏书楼到图书馆的发展简史，我们可以清楚地看到，图书馆的社会服务功能越来越突出，与市民的距离也越来越近。在现代社会中，图书馆在文化教育和科技发展中发挥着相当重要的作用。但是，藏书楼与图书馆到底有什么根本不同呢？有人说区别藏书楼与图书馆的主要标志是封闭还是开放，我认为这是不全面的。现在的图书馆是否已经真正地走出了藏书楼时代，或者说摆脱了藏书楼管理模式了呢？让我们从藏书楼和图书馆的本质区别来论证图书馆服务的整体性问题。

藏书楼之所以被视为传统图书馆的象征，是因为其文献管理的方式是以保存为中心的。在藏书楼几千年的发展过程中，虽曾有过向社会开放的历史，但是这些藏书家致力于社会教育的一片诚心，并没有改变藏书楼的性质。藏书楼的一切业务活动，都是围绕着“保存”这个核心展开的。从书籍的访求来看，藏书家根据个人的好恶进行采选，用不着考虑他人的阅读需求。他们所培植的藏书体系，都是建立在个人的价值判断基础上的，因此或多或少地反映了这些藏书家的个性。藏书楼可以独立于社会而存在，与社会需求无关，自成一个系统。它既没有摆脱私家书斋的性格，又很少受到社会的影响和制约。藏书楼式的管理思想，并没有随着时代的发展而自然淘汰，这种以藏为主的传统观念无时无刻地渗透到今天的图书馆管理中来。严格来说，现在有多少图书馆真正地摆脱了藏书楼式的管理思想了呢？简单地从数量的、表面的开放和封闭状况来区别图书馆和藏书楼的话，那我们只能永远纠缠于一些含糊不清的概念之中，而看不到它们之间的本质区别。

我认为，现代图书馆与藏书楼的不同之处集中表现在是以服务为中心还是以保存为中心这一管理思想上。现代图书馆的整个运行机制是面向服务的，其业务活动的每一个环节都与读者服务有关。图书馆的藏书体系及服务内容时常会根据社会的、读者的信息需求进行调节，以适应不断变化的发展环境。只有这样，图书馆才能形成一个动态的、发展的、变化的信息系统。

今天的图书馆是从藏书楼的形态中脱胎出来的，它是社会发展到一定程度的必然产物。图书馆的服务性是由它所处的社会地位决定的。今天，图书馆总是依附于它的母体而存在，图书馆的方针、任务及服务内容无一不受到其母体及其特定对象的影响和制约。如大学图书馆是依附于大学而设立的，因此大学这一母体的性质决定了她必然要为教学与科研服务。也就是说，图书馆是从需求中产生、又为这一需求服务的。离开了社会的需求，图书馆就不成其为图书馆。同时，图书馆员的角色也应该重新认识。人们会很自然地认为图书馆员是图书馆的主人，所以他们当然可以按照自己的意志去管理图书馆。其实，图书馆员只是接受其母体机构的委托来运行图书馆、并为其提供服务的，因此他们没有理由自作主张、随心所欲，而是应该根据母体机构的要求开展各项工作、提供各种服务。

图书馆真正的主人是其母体机构，更确切地说是其读者。大学图书馆的主人是该大学的师生员工，公共图书馆的主人是该地区的居民，图书馆员的职责是运用其专业技能和技术手段为这些特定的对象提供服务。

图书馆的服务性是通过图书馆整体的业务活动来体现的。从图书馆业务的收集、整理、流通以及保存的功能来看，没有一项与服务无关。现代图书馆管理的目标就在于有效地使这些功能纳入以服务为中心的轨道。有人以为图书馆服务是读者第一线的事情，把图书馆的技术服务与对外服务机械地割裂开来。我们不能低估这种管理思想在图书馆实际工作中的影响和干扰。仅仅改变一下信息提供的手段，是否就能够摆脱藏书楼管理思想了呢？长期以来，图书馆的工作重心放在内部，图书馆员根据一成不变的方针任务埋头选书，用不着考虑社会信息需求的变化。因此即使在读者第一线采取了开架或其他开放的措施，但其以书为本的性质仍然没有改变，这样的图书馆还不能真正称为现代图书馆。

为谁选书？

谁是图书馆的主人？这个问题看来很简单，但它却涉及图书馆管理的定位和指导思想。从藏书楼到图书馆，也是拥有者角色转化的一个过程。为谁选书和选什么书的问题在藏书楼时代和图书馆时代的答案是不同的。

在藏书楼时代，选书是相当严格的。藏书楼留给后人最大的贡献，就是它对书的研究——有版本学、校雠学、目录学和对书的访求、保管等的研究。可以说，藏书楼的这一贡献，是中国文明史上的一大瑰宝，在世界图书馆事业史上有着极其重要的地位。但是，由于藏书楼的宗旨是保存人类文明的遗产，所以它把全部精力都放在对书的研究上，我们把它称为书本位一点也不过分。

古代藏书楼把选书看作是头等重要的事情。对选书人员来说，图书学知识显得格外重要。选择好的、有价值的图书入藏，是最起码的常识。也就是说依据图书本身的价值来选择，不论这本书是否有人需要。这就是选书的价值论观点。

今天的图书馆是一个以人为本的动态的知识集合体，它的存在和发展受到其所处的社会及其所依附的母体机构的影响和制约。图书馆是应社会、人类的需要而产生和发展起来的，它必须设法去适应这一需要、满足这一需要。这里所说的需要，是泛指社会的需要、读者的需要。在社会上存在着各种各样的阅读需要，其中必然会有主流的、反映社会意向的需要。图书馆就是根据这种主流的社会需要来收集、贮存信息并提供服务的。如专业图书馆是在专业人员对专业信息的需要中产生的，它的主要任务是根据设置母体的要求去组织和提供专业信息资源；同时衡量该馆好坏的标准，就是看它是否满足了专业人员的情报需要和阅读需要。今天的图书馆是在用户的需要中产生，也是在不断顺应用户的需要中发展的。

按设置母体以及读者的需要选书，是由图书馆服务的根本目的所决定的。图书馆的所有服务活动，都是围绕用户的需要开展的。正因为这样，图书馆的藏书就必须根据这一需要不断地发展和调整。今天，选书的难度，不仅在于对书的价值判断，更重要的是对书的需求的判断。选书人员如果不了解设置母体的方针、任务、计划以及用户的构成、水平和要求，就不可能做好这一工作。这就是现代图书馆选书的本质，选书人员的真正水平就是在这样的判断和评价过程中反映出来的。

早在17世纪，法国图书馆学家加布里埃尔·诺德（Gabriel Naude，1600—1653）就在《关于图书馆建设的意见》中，专门论述了选书的问题。他认为，选书人员“第一，必须充分听取具有图书知识的人的意见；第二，听取需要书的人的意见，根据这一需求贮存收集到的图书资料”。诺德的这一论述对后世的选书论影响极大。[①]

1858年，美国图书馆学家朱厄特（Charles C. Jewett，1816—1868）在纽约图书馆会议上，提出资料的选择与图书馆的发展休戚相关。日本图书馆学者森耕一认为，朱厄特的观点“成了此后展开的选书论的萌芽”。1876年，美国图书馆学家普尔（W. F. Poole）在波士顿公共图书馆会议上说：“公共图书馆的基本目的是为了对社区各阶层的人提供图书。因此，为了适应读者多方面的需要，必须在图书馆的书架上配置知识分子不读的图书。为了满足读者，这是不得已的。”表明了选书不应该无视广大读者的阅读需要。[②]

---

①，②　吴建中．论选书．黑龙江图书馆，1983（2）：1.

19世纪末到20世纪初，欧美各国对选书的关心出现了高潮。在图书馆学校中，开设了选择论的课程。如1887年设立的哥伦比亚大学图书馆学院和德国哥廷根大学的图书馆学讲座都把它列入图书馆专业课程中。选书原则是选择论中的一项重要内容。是选内容价值高的优秀图书（best books）还是选适应读者需要的合适的图书（right books），由此分成了价值论（value theory）和需要论（demand theory）两大派。价值论的主要代表杜威（M. Dewey）认为，图书馆在社区中作为“严肃的、教育的基本资源”而存在，因此必须收集优良的、高质量的图书。而需要论者普尔反对杜氏的看法，认为试图选择“好书”的看法不合理，因为“就像读者有很多种类一样，所谓好书也是有很多种类的”，克特（C. Cutter）反问道：“在什么方面是好书？在体裁上还是在兴趣上？在指导方面还是在建议方面？为谁选择好书？为经验不足的读者还是一般的读者？”需要论者认为，读者的兴趣、水平、修养、年龄不同，阅读的要求也不同，不能以自己的观点强加于人。[①]

一般来说，19世纪末以前，重视图书本身价值的价值论占优势。以后，需要论逐渐占上风。特别是经过英国图书馆学活动家麦考文（Lionel McColvin，1896—1976）于1925年发表《公共图书馆选书理论》对需要论的理论化，在图书馆界确立了需要论的地位。麦考文认为，图书选择是图书馆中最基本的任务，或称

① 吴建中．图书馆采访的理论问题初探．见：藏书建设与读者服务工作教学参考文选．武汉：武汉大学出版社，1987：95.

为最基本的职能。优良的图书选择会引导出优良的读者服务。选择时除了要注意书籍在知识上的价值以外，还要顾及社会对书籍的需求。为此，麦考文提出了一项纯理论的图书选择评分法。[①] 引两个例证如下：

例证 1： 假设 A 书的知识价值为 10，B 书的知识价值为 1，而这两本书的社会需求均为 6，则 A 书和 B 书的选择评分为 60 比 6，以 A 书的分数为高，即选 A。

例证 2： 假设例证 1 中所述的 A 书的社会需求为 6，B 书的社会需求为 72，则这两本书的选择评分分别为 60 比 72，以 B 书的评分为高，即选 B。

这种评分方法实际上是难以实行的，因为图书馆不可能对每一本书进行计分。但是该理论表明了以需求为中心的选择方法，比较符合公共图书馆的发展需要。

也有一些需要论者片面强调阅读自由，提出公共图书馆应该像公园一样，反对精选和推荐图书。这种观点是不可取的，甚至是有害的。

总而言之，以人为本的采选模式，要求采访馆员不仅像古代的藏书家那样有对书的鉴赏能力，而且有对外界需求的判断能力。他们是在代表整个图书馆，更确切地说，是代表设置母体及其读者的

① 详见：顾敏. 图书采访学. 台北：学生书局，1980.

利益进行信息资源的组织工作，因此绝对不能把个人的好恶、个人的价值观强加于人。正因为这样，图书馆要建立良好的选书机制，防止因人员变换而影响整个藏书建设工作。

如何选书?

藏书建设要解决的是如何选书的问题。以前它主要包括采访方针、采访计划和选择标准3个方面，现在更强调藏书建设向科学化、系统化方向发展，更加注重藏书建设与图书馆其他业务之间的关联性，于是逐渐形成了一个新的系统项目——馆藏发展政策（Collection Development Policy）。

1. 采访方针

采访方针是为形成、维持和发展图书馆藏书体系所需要的最基本纲领。采访方针的确立，可保证图书馆采访工作在较长时期内保持一定的稳定性。藏书结构一经确定，就不宜时常变更，否则就很难确保藏书的系统性。从目前的实际运行情况来看，时常修改采访方针的比较少见；相反，长期使用过期方针的图书馆倒屡见不鲜。后者以为方针一旦制定就可以一劳永逸，不需要根据形势的发展而变化了。1966年，《美国公共图书馆标准》（*Public Library Standards*，*1966*）对采访方针作了如下规定：所有图书馆资料，必须根据各图书馆公认的目的加以选择、保管或者有必要的话加以剔除；必须有各种包括选书和维持藏书的采访方针，并使之成文化。所谓成文化，就是把方针作为一个书面的东西暂时固定下来，使得有据可查，在人员发生变动时也不致使采访缺乏连续性。①

采访方针是图书馆藏书建设的指南，如日本国立国会图书馆为适应电子出版物发展的需要，于 1995 年修改了该馆的采访方针，增加了电子出版物这一项，对电子出版物的定义、采访范围、采访方法以及选择标准作了明确的表述。②

2. 采访计划

采访计划表明藏书体系的具体内容，同时也包括对各种问题的处理方法。采访计划是采访方针的运行规程。采访计划比较具体，它时常根据用户需求和环境的变化而变化，实际上它是一种短（近）期藏书补充计划。采访计划需要有一定的灵活性，如在某一时期，可以根据母体机构的特殊任务，补充和选择该领域的资料。特别是新兴学科和形成该地区支柱产业或新的增长点的相关资料要重点补充收集，不能一味强调藏书体系的连续性而无视这些新的信息需求。对图书馆采访人员来说，要经常研究社会需求和读者需求

---

① Stephen Ford. The Acquisition of Library Materials. Chicago: American Library Association, 1973：1.

② M. Haruyama. 发展电子馆藏方式以及各种经济问题：图书馆员与经济学家对话. 见：跨世纪图书情报之窗. 上海：上海市图书馆学会，1997：59.

的变化，把需求作为调节藏书体系的一种杠杆，使馆藏形成适应变化的、动态的藏书体系。

3. 选择标准

选择标准是在选择各种资料时，判断应否收集的文献评价标准。如著者方面，这种标准是根据著者的资历、专业、社会地位以及社会评价等决定的。选择标准涉及图书评价的各个方面，如内容、体裁和形态等。

采访方针、采访计划和选择标准，不仅是为了明确图书馆服务与藏书建设的关系，而且是为了解决采访实践中碰到的各种各样的问题，使之成为判断的标准、选择的依据。

此外，为了更好地进行藏书建设，还要重视采访人员的教育和培训工作。采访馆员要不断更新知识，经常掌握社会动态和发展规划，深入读者群了解他们的信息需求，使藏书结构根据社会的、用户的需求不断地进行调节。有条件的还要组织选书委员会，吸引社会各界人士参与。选书委员会一般由各领域的专家学者组成，每年举行数次会议，讨论并决定与图书馆藏书建设有关的重大问题。而从实际情况来看，很多图书馆虽成立了选书委员会，但不少都流于形式，未能发挥应有的作用。

4. 馆藏发展政策

馆藏发展政策兴起于20世纪70年代，美国图书馆协会将其定义为具有“限定一个图书馆现有馆藏的范围，为资源的持续发展制订计划，明确藏书的优势，概述选书原则和机构目标之间的关系、总的选书标准和知识自由”功能的文件。70 年代末正值图书馆经费遭遇大幅削减，馆藏发展政策成为图书馆合理使用经费的有效指南。80 年代至 90 年代，以 ALA《馆藏发展政策编制指南》（*Guidelines for the Formulation of Collection Development Policies*）的颁布为标志，藏书发展政策得到进一步发展。截至 1993 年，美国已有 72% 的高校图书馆和 78% 的公共图书馆都制定了馆藏发展政策。①

馆藏发展政策包含了原来采访工作的内容，但更突出与其他工作之间的关联性和系统性。馆藏发展政策以文字明确陈述馆藏目的、馆藏选择与剔除（selection and de-selection）原则、馆藏范围与深度等，一般包含图书馆目标、用户描述、学科范围、非书资料、赠书处理、争议性资料的处理、选书职责、选书工具、馆藏剔除、合作计划、读者意见处理以及政策修订等。与传统做法相比，馆藏发展政策将采访工作作为图书馆整体战略的一个部分加以考察，并通过制定战略性政策，阐明采访与图书馆其他工作的逻辑关系。

馆藏发展对于图书馆来说至关重要，无论规模大小，每个图书馆都应该制定馆藏发展政策，有系统、有计划地建立与维护馆藏资料。

① 张新兴．国外馆藏发展政策研究综述．图书馆学情报学（人大复印报刊资料）．2011（11）：148-149.

读者本位

读者本位，英文叫reader-oriented，就是以读者为中心开展各种各样的图书馆服务活动。道理很简单，但是真正做起来是不容易的。长期以来我们已经习惯了书本位的管理思想，觉得图书馆的主体是书，而不是读者。所以，没有把读者及其需求放在应有的位置上。好比图书馆是甲方，读者是乙方，甲方提供什么，乙方就应该接受什么，好像甲方和乙方就是这样一种提供和被提供的关系。更有甚者，一些图书馆工作人员利用手中保管资料的权力，作为垄断或交易的资本，认为读者有求于自己，偶尔做了一些有益于读者的事，就像是给了读者多少恩惠一样，希望获得回报。这样的人并不多，但有这种想法的人并不少。读者第一的口号叫了多少年，但真的做起来还是不容易的。

图书馆所处的社会地位决定了它的整个管理机制必须是面向服务的，其全部社会功能体现在以服务来实现人与信息之间的双向交流上。为了有效地缩短两者之间的距离，图书馆应不断地致力于管理机制和手段的研究，以达到服务的最佳效益。图书馆的服务性是由本专业的社会性质决定的，内部结构或者外部环境的任何变化，都不会改变这一特性。

长期以来，国内图书馆学研究与教育存在着理论与实际严重脱节的现象。不少论著沉湎于纯理论的研究，即使是图书馆应用方面的文章，也往往偏重于信息加工、信息处理以及现代化的技术方法，有关服务方面的研究更是凤毛麟角。不论在图书馆情报学教科书还是在专业刊物中，都有把信息处理与读者服务机械地割裂开来的倾向。似乎图书馆服务仅仅限于第一线的读者服务，与图书馆的业务活动、行政管理无缘。这种形而上学的观念，不能不对我国图书馆事业现代化的进程产生一定的影响。

图书馆工作重心从书本位向人本位转移，意味着图书馆活动进入以需求为调节手段的动态的运行机制。由于社会的信息需求是无止境的，所以图书馆将时常感受到一种社会压力，其藏书结构、服务内容等都将随着社会需求的变化而变化。今后图书馆与外界社会的联系将更加密切，其业务活动将始终围绕着社会的、读者的需求展开，在这种需求的调节和推动下，形成适应变化的、良性循环的服务体系。

开放借阅

改革开放以前，国内图书馆基本上实行闭架或半开架的借阅方式。如同超市一样，如今开架借阅已经成为图书馆主流的服务方式。

在古代欧洲，有把图书用铁链锁起来的做法，这就是所谓的chained books，这是最典型的把图书当作文物来保存的例子。可是

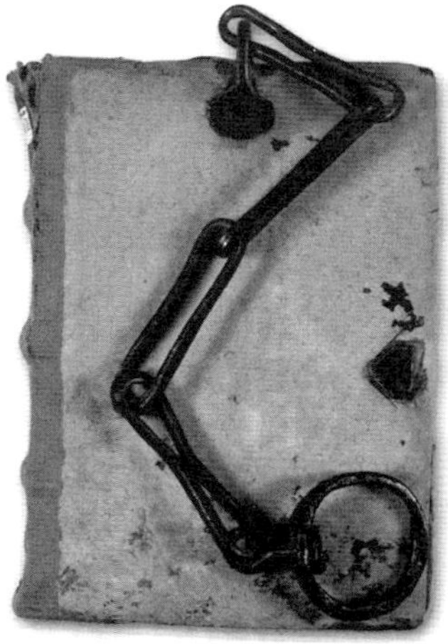

图 1–4 带锁的书

在一些图书馆，现在仍有将价格较昂贵的图书实行有限开放的情况，这和古时候把书锁起来又有什么不同呢？

现在各类图书馆都已不同程度地实行开架借阅服务。特别是大学图书馆，除了开架以外，还允许教师或者研究生进入书库自由翻阅。并且开架占馆藏总量的比重也越来越大。上海图书馆新馆向社会开放30多个阅览室，开架数量超过百万册，读者可以自由地在书海里漫游。在国外，中小型公共图书馆一般不再设立闭架书库，如日本大部分公共图书馆的开架率占馆藏总数的95%以上，只有极少数不常用的藏书才实行闭架。

伴随开放借阅而来的是资料的缺损等负面问题。图书馆要开放，就必然会有不愉快的事情发生，一般来说，开放的程度越高，损失的程度就越大。很多图书馆和研究团体对此进行了调查研究，提出了一个开放环境下的正常损耗问题。

1953年日本图书馆协会出版的《中小城市公共图书馆管理》（简称《中小报告》）认为，在开展外借业务的图书馆里允许有5%左右的丢失率。[①] 在美国，也有每年图书丢失率为2%至5%的报道。[②] 根据

① 日本図書館協会編．中小都市における公共図書館の運営．東京：日本図書館協会，1963：139.

② 伊藤昭治，山本昭和．本をどう選ぶか．大阪：日本図書館研究会，1995：110.

日本图书馆研究会1986年对112所市立图书馆和32所县立图书馆的调查，市立图书馆的年均馆藏丢失率为1.50%，县立图书馆为0.62%。外借量越大，丢失率也就越高。由于县立图书馆有不少藏书是闭架的，所以市立图书馆的丢失率相对地要比县立图书馆高。如果仅对开架的外借图书进行计算，根据上述调查，市立图书馆的年均丢失率为0.75%，而县立图书馆为1.77%。这一结果与日本书店联合会1982年发表的窃书调查的结果比较相似。该调查表明，被窃图书占书店平均营业额的0.59%。[①] 有趣的是，这一比率和上海一些书店的盘亏率0.4%至0.6%差不多。上述调查的实际结果都在允许的范围之内。

从表面来看，开放的程度越小，损失的程度越小。对图书馆员来说，丢失不管怎么说总是一种失误，丢失越多，失误也就越大。所以，在图书馆员中常常会有情愿减少损失，也不愿去冒风险的思想。这就是书本位思想的典型表现。实际上，图书馆通过复杂的收集程序获得资料以后，要花费大量人力物力用于分编加工，然后还要进行典藏管理和维护服务。在以人为本的现代图书馆，利用率成了衡量管理和服务业绩的重要尺度。图书馆管理和服务的目的，就是要提高信息资源的利用。如果信息得不到充分利用，大量藏书变成死书，那么由此而产生的无形浪费将更加严重。可见，对图书丢失问题，由于书本位和人本位观念上的不同，得出的结论也是不同的。

20世纪90年代末，上海图书馆新馆在开放初期，也发生了一

---

① 伊藤昭治，山本昭和．本をどう選ぶか．大阪：日本図書館研究会，1995：112.

些不愉快的问题，如撕毁书刊、损坏公物等。上海图书馆并没有因为产生这些问题而收缩，相反，采取了更大程度的开放政策，积极地考虑如何最大限度地向读者开放，而不是消极地防止丢失。同时，也相应采取了积极的管理措施，把损失控制并减少到最低限度。1998年8月，上海图书馆与上海市精神文明办公室共同在上海图书馆知识广场主办了“做文明读者，树都市形象”的万人签名活动，并就此拉开了全市性的“城市文明与市民素质”大讨论的序幕。在这次活动中，上海图书馆的8家文明共建单位向广大市民和读者发出了“读者六要六不要”的文明规范倡议，即要遵守“六不”、要衣着整洁、要保持安静、要遵守规定、要爱护书籍、要举止文明；不在指定地点外饮食、不穿背心拖鞋进馆、不使通信工具发出声响、不将书刊随意上架、不涂写损坏图书报刊、不做有碍观瞻之举。[①] 让读者自己教育自己，起到了良好的效果。

今天，无论是公共图书馆，还是研究性图书馆都时兴向地区民众开放。上海市文献资源协作网有约30家包括上海图书馆在内的大学、研究所等研究型图书馆成员。该网络曾向社会发放通用阅览证，读者凭此证可以到网络内任何一个成员馆阅览书刊资料。1994年3月，在上海图书馆举行的有19家图书馆馆长出席的联席会议上讨论这一问题时，并没有出现明显的不同意见，说明图书馆对外开放已经形成共识。尽管在此过程中有人提出过撤消或改变阅览范

① 王世伟．论树立跨世纪图书馆的七大形象．[2002-10-26]．http://www.library.hn.cn/tsg/19990617/Content/00054597.htm．

围的想法，但大多数图书馆都认为研究型图书馆向社会开放是大势所趋。

乔好勤认为，现代图书馆与古代藏书楼的根本区别是对公众的开放，但“图书馆的开放包括办馆思想、管理措施、馆舍结构、书刊布局等”，“图书馆的开放程度是实力、意志、办馆思想和管理能力的一种综合表现”。① 有的图书馆形式上是开架了，但在服务手段上如果还是老一套，那只不过是书库里的书搬到开架的阅览室而已。同样，开放也不只是第一线服务部门的事情，而是一项系统工程，从采访到编目，图书馆所有的业务环节都与服务有关。选书是一门将读者的需求与文献的价值有机结合的艺术，不了解读者，就不可能真正做好选书工作。同样，编目人员要时常把读者放在心上，从方便读者的角度出发，去揭示文献的内容和形式。加工处理和典藏保管也有如何适应读者的需要、改进工作方式的问题。比如，人们对机读目录格式争论不休，主要集中在格式简繁的问题上。有人认为，机读目录格式太繁琐，既加重了分编人员的负担，也拉长了信息加工的周期。也有人认为，我们要站在用户的立场上考虑问题，自己繁琐一点不要紧，关键是要为读者带来方便，为他们提供更多的检索点和友好的用户界面。总之，信息加工和处理也要树立以人为本的思想。分编人员尽管不像第一线人员那样直接接触读者，但他们是在后台间接地为读者做服务工作，他们的工作态

① 乔好勤. 关于现代化图书馆建设的几个问题. 1997 年理论学术年刊. 上海：上海图书馆，1998：115.

度与质量对图书馆整体服务水平有很大的影响。

开放获取

开放获取是近年来国际科技界、学术界、出版界、信息传播界为推动科研成果利用网络免费传播而发起的运动，其核心特征是在尊重作者权益的前提下，利用互联网为用户免费提供学术信息和研究成果的全文服务。开放获取运动是在什么背景下产生的呢？20世纪90年代，一方面互联网开放且低成本的传播方式为人们获取信息提供了便利，据美国计算机专家史蒂夫·劳伦斯（Steve Lawrence）对《自然》（*Nature*）引文的统计结果显示，以1997—1998年为例，被高度引用的85%是开放获取的文章；[①] 另一方面科技期刊的价格飞速上涨，1985年—2002年美国消费者价格指数（CPI）增长仅为57%，而科技期刊价格却上涨了227%，[②] 为此，各图书馆不得不采取紧急应对措施。哈佛大学图书馆咨询委员会于2012年发表了一份报告，提出应对大学图书馆经费危机的最佳解

① Marianne Buehler. Who should own copyright in journal articles? RIT Libraries，2005（Fall）.［2013-10-04］.https：//ritdml. rit. edu/bitstream/handle/1850/1217/ScholarshipNewsletterFall2005. pdf; jsessionid=3943340190B8B0C20BB44FC7FEE9A99D?sequence=1.

② Review of Journals Used for Department of Chemistry Publications：Journal cost.［2013-10-04］. http://ir. library. oregonstate. edu/xmlui/bitstream/handle/1957/1796/?sequence=1.

决方案是推进期刊的开放获取。[①]

由此开放获取运动应运而生。2001 年 12 月，在匈牙利布达佩斯召开的开放获取国际研讨会上发布的“布达佩斯开放获取倡议”（BOAI），推动了开放获取运动的发展。

开放获取一般有两种实现途径：一是所谓金色道路（Gold Road），即开放获取期刊（OA Journals），较著名的是公共科学图书馆（Public Library of Science，或 PLoS）起始于 2003 年的公共科学图书馆生物学（PLoS Biology），到 2012 年 4 月为止，已有 7 种期刊。[②] 公共科学图书馆的期刊都是经过同行评议的，而且遵循创作共享（Creative Commons）的协议。另一种是所谓绿色道路（Green Road），即作者自存档（Author Self-archiving），最为典型的是机构库（Institutional Repository）及各类机构典藏。开放获取受到科研人员的普遍好评，各国也积极推进开放获取。美国国立卫生研究院（NIH）甚至于 2007 年底立法规定，所有 NIH 资助的研究都必须把同行评议的论文稿提交到一个在线文献库 PubMed Central，PMC）中，且必须在发表后 12 个月之内对公众开放。当然，关于开放获取立法的争议一直没有停止，商业出版界以阻碍知识产权事业发展为由反对立法，但图书馆界积极支持推进开放获取。国际图

① 内閣府政策統括官．国際的動向からみたオープンサイエンスに関する検討資料［EB/OL］．［2014-12-09］．http://www8.cao.go.jp/cstp/sonota/openscience/1kai/1_openscience_shiryou_5.pdf.

② Public Library of Science, Wikipedia.［2013-10-04］．http://en.wikipedia.org/wiki/Public_Library_of_Science.

联不仅发表声明支持，而且还成立工作组推进开放获取事业。①

我国图书馆界积极推进开放获取的是中国科学院文献情报中心。2005年该中心就举办了国内首个介绍开放获取的学术会议“科技信息开放获取政策与战略国际研讨会”，并于2008年开通了开放获取信息门户（www.open-access. net. cn），跟踪报道开放获取进展。2010年，该中心与德国马普学会（International Max Planck Research School）共同主办的第8次开放获取柏林会议在北京举行，这是柏林会议首次在非欧洲地区举办。2012年10月22日至24日，中国科学院文献情报中心举办“中国开放获取周”（China Open Access Week）国际研讨会，这是国内首届开放获取周。研讨会吸引了国内图书馆界、学术界、期刊界、出版界的100多家机构的360余位参会者。开放获取周的举办对于加深国内科技界、科研管理机构和信息服务机构

图1-5　中国科学院2010年10月25—27日在北京举办“第八届开放获取柏林国际会议”

① IFLA Open Access Taskforce established. IFLA.［2013-10-04］. http: //www. ifla. org/news/ifla-open-access-taskforce-established.

对开放获取的了解、推进国内开放出版和机构知识库建设具有重要的现实意义。2014 年 5 月 15 日，中国科学院、国家自然科学基金委员会正式发布公共资金资助的科研论文开放获取的政策声明，要求受资助或承担资助项目产生的已发表的科研论文通过机构库开放存储，且不晚于发表后 12 个月内公开发布。①

服务热点

目前在图书馆对外服务方面比较流行的有下列几种服务方式：

1. 全面开架

改变过去闭架的管理方式，让更多的资料直接与读者见面。现在，开架已经成为各类型图书馆的主要服务方式，特别是中小型图书馆，开架资料基本上都已超过馆藏总数的一半以上。有的图书馆提倡全面开架，甚至规定闭架资料要控制在 5% 以下。

2. 外借领先

外借是公共图书馆最基本的业务活动之一，它以“最单纯的方式实现公共图书馆的本质功能”。许多国家都明确地提出外借服务的量化指标，并根据这一指标来配备必要的藏书量、购书费以

① 国家自然科学基金委员会. 国家自然科学基金委员会关于受资助项目科研论文实行开放获取的政策声明［EB/OL］.［2014-05-19］. http://www. nsfc. gov. cn/publish/portal0/tab38/info44471. htm.

及图书馆工作人员数量等。比如在日本，根据《公共图书馆的任务和目标解说》（1995年版）[①]，以20万人口的城市为基准，应该达到注册率30%，每年人均外借图书6册。该城市的公共图书馆系统，至少应配置有30万册以上的开架藏书，即1所9万册以上的中央图书馆，7所各3万册以上的分馆，同时应有2部流动书车。按照年人均外借6册以上的指标，中央图书馆应达到24万册，7所分馆应达到84万册，2部流动书车应达到12万册，总计年外借120万册。为此，该公共图书馆系统每年购书不应少于5万册（人均2 100至2 500日元）。另外，从专业馆员的人员配置要求来看，要达到120万册次的外借量，需要专业馆员60人，即人均服务2万册。随着开馆时间和外借册数的增加，馆员或临时工的人数也应相应增加。但追求外借数量而忽略服务质量和内涵发展的外借领先模式也受到挑战。举纽约皇后区图书馆为例，过去图书馆80%的业务是图书外借，现在外借仅占30%，而70%的精力用于非传统的活动（programs）上，如求职信息、求职技巧、语言培训等。根据美国图书馆协会的统计，全美公共图书馆平均每天有一场活动。[②] 经过一段时间的转型，图书馆的主流业务已经从重借阅转向重综合素养，更加关注为人的全面发展提供基本技能的服务。

① 日本図書館協会図書館政策特別委員会編. 公立図書館の任務と目標. 東京：日本図書館協会，1995：37.

② Josh Sanburn. A Bookless Library Opens in San Antonio. Times. 2013-09-22. http://nation.time.com/2013/09/13/a-bookless-library-opens-in-san-antonio/.

3. 助残服务

为残疾读者提供服务已经成为图书馆必要的业务活动之一。不仅在公共图书馆都设有为残疾读者服务的设施，有些地方还建立了专门的残疾者图书馆。1985 年我参观了设在西雅图的残疾者图书馆，在那里，所有服务设施都是特意为残疾者设计和安排的，除了必要的建筑设施以外，还有盲文投币饮料机、低矮的饮水池、轮椅等。最引人注目的是，图书馆还有一个为残疾者服务的电台，每天和其他广播电台一样播出各种丰富多彩的节目。据说在西雅图地区绝大多数残疾者都是这个“电台之友”，他们都十分喜欢并积极参与这个自己的电台。台北市立图书馆于 1994 年受台北市民政局与社会局的委托，成立了视障者手工艺品暨原住民自制产品展示中心，展示视障同胞与原住民自己制作的各种手工艺品，旨在鼓励残疾同胞与原住民学习一技之长。展出的内容有书法、绘画、纸雕、皮雕、纸黏土、中国结、陶器等手工艺品。[①] 上海图书馆与上海市残联、市邮政局合作，于 2002 年推出盲人邮递包“送书上门”，2009 年又推出了“阳光听书郎”听书阅读器。这一听书阅读器的体积如一部普通大小的直板手机，携带方便，存储内容超过 2 000 种书籍，并设有独特的盲文触感按钮，操作指南全程语音导航。2013 年 5 月 25 日，中国残联和国家图书馆联合发出《图书馆知识助残行动倡议书》，呼吁全国各级各类图书馆行动起来，与残疾人组织、各级民政部门、特殊教育学校等机构共同协作，深入开

---

① 见台北《市图之窗》（37）1994 年 12 月号，第 1 版 .

展面向残疾人的无障碍、针对性、多样化信息服务，构建覆盖全国的残疾人知识援助协作网，为残疾人创造良好的学习和信息获取环境，缓解并逐步消除残疾人的知识贫困，使残疾人能够平等、充分地参与社会生活。[①]

4. 自助服务

已有不少图书馆引进现代化设备向读者提供自助借书服务。1992年8月，我们到荷兰的悌尔伯格大学图书馆参观时，就看到一套叫做Lendomat的自动流通系统，该系统实行自助式借还操作，读者无须到出纳台办理任何借书或还书手续。现在这种设备已经得到广泛应用，大大方便了读者。新开馆的香港中央图书馆有25台自助借书终端，分设在各个楼层，方便读者借阅。自助服务不仅令读者感到亲切、自由，而且也大大降低了服务成本。深圳市于2008年推出“城市街区24小时自助图书馆系统”，至2012年2月已在深圳街头设立了160个自助图书馆。[②]自助图书馆利用自动化设备及RFID，集办证、查询、预约、借书、还书、续借、缴纳逾期费等功能于一体，方便了读者馆外和户外借阅。但是，这种街头自助图书馆也给管理和维护带来很大的挑战。

5. 综合布点

图书馆地理距离的远近，在很大程度上影响着图书馆的实际

① 黄小希．让知识的阳光照亮每一个人的心灵——图书馆文化助残系列活动启动．新华网，2013-05-25. http://news. xinhuanet. com/local/2013-05/25/c_115906197. htm.

② 秦小轮．深圳全市160个自助图书馆实现24小时借阅．深圳特区报，2012-02-27.

利用率。如何公平地为居住在社区任何地方的居民服务，是摆在公共图书馆面前的一个重要课题。很多公共图书馆重视网点的配置和服务，力求把服务延伸到社区的每一个角落。通过地区分馆、服务点以及流动图书馆的增设和调整，填补社区图书馆服务的空白，同时调动社区内各种文化教育设施，如学校图书馆、文化馆、群众艺术馆等，与图书馆形成社区文化服务体系。上海地区近几年不仅已形成市级、区（县）级和街道（乡、镇）三级公共图书馆网络，还积极考虑向里弄和村辐射，形成四级网络，使图书馆服务深入社区、深入家庭。

6. 延长开放

实行双休日以后，如何安排和丰富闲暇时间的文化生活、提高居民生活质量，成为社区文化研究的一个热门话题。国内越来越多的社区文化设施实行双休日开放，特别是确保节假日对外开放，为市民利用各种文化设施提供方便。目前在上海，绝大部分公共图书馆已做到天天开放，而且还通过延长开放时间和实行夜间开放，提高图书馆的利用率。在国外，一些图书馆既要确保双休日或节假日对外开放，又不违背有关劳动法规，采取每周一闭馆以及节假日的第二天闭馆的做法，使得市民在休假日也能够利用图书馆。

7. 承诺服务

香港市政局公共图书馆实行服务承诺制。在该馆的分馆大会堂公共图书馆的借书大厅，挂有醒目的几行字："我们的承诺：服务快捷。（1）申请新借书证：10 分钟；（2）借取图书资料：5分钟；（3）归还图书资料：5分钟；（4）要求预留图书：5分钟……”[①] 国外不少图书馆推行承诺制，英国白金汉郡（Buckinghamshire）图书馆专门对外发布《图书馆用户服务承诺》[②]，如“除了高峰时间外，您一般会在3分钟之内在服务台或咨询服务台获得帮助”，“我们将及时答复您的信件或电话，并在3个工作日内回答问题或给予回音”等。上海市从1998年起推行图书馆行业规范达标活动。上海图书馆从1998年3月起在几个窗口部门进行规范达标的试点，于5月底全国图书馆服务宣传周期间正式向社会推出规范达标与承诺服务，并向社会公布了监督电话，同时聘请了10名社会监督员参与监督和检验图书馆的服务质量。

8. 真人图书馆

真人图书馆（Living Library）兴起于北欧，现在已在全球推广。[③] 在美国密歇根州切尔西图书馆（Chelsea Library）2009年第10期简报上，报道了该馆推行的“借经营专家”（Borrow A Business Expert）的服务。任何读者都可以通过这一服务向财经、法律、营销等各方面的行家进行面对面的咨询。[④] 真人图书馆——就像坎贝尔敦图书馆（Campbelltown Library）所宣传的那样——

---

① 张明. 香港市政局公共图书馆的服务. 图书馆杂志，1996（5）：60.

② 图书馆用户承诺. 公共图书馆服务发展指南. 上海：上海科学技术文献出版社，2002：106-109.

③ 百度百科. 真人图书馆. [2012-03-16]. http://baike.baidu.com/view/5700675.htm.

④ Chelsea Library. Newsletter / Winter 2009/10. [2012-03-16]. http://www.chelsealibrary.org/resources/pdf_files/WinterNewsletter.pdf.

“是人与人交流故事与经验的图书馆，是增进尊重与相互理解的图书馆”。[①] 如今，国内也有不少真人图书馆尝试。据《时代周报》报道，2009 年 3 月 18 日，上海交通大学首次尝试真人图书馆。首次举行活动时，四本“真人书”都是在校学生，分享的内容涉及出国留学、科研竞赛、面试就业等方面。此后，该校又连续发起多期活动。[②] 从借书到借人，反映的是一种理念的变化，我们正在从一个传统的收藏型图书馆走向一个以人为本的创造型图书馆。人是图书馆的动力之源，只有当人的要素成为图书馆第一要素的时候，图书馆才能显示真正的活力和创造力。

图书馆宣言 12 条（美国）

1995 年 12 月，美国图书馆协会在《美国图书馆》杂志上发表了《美国图书馆事业发展的 12 条宣言》，在图书馆界引起了很大的反响。

1. 图书馆向市民提供信息的机会。

全美图书馆与情报服务委员会在一份有关国家信息政策的报告

① Campbelltown's Living Library.［2012-03-16］. http://www.campbelltown.nsw.gov.au/upload/eqtlx98641/20May.pdf.

② 仇广宇. 真人图书馆：每个人都是一本书. 中国新闻周刊.［2012-12-25］. http://blog.sina.com.cn/s/blog_4fbf5e6f0101612x.html.

中，强调市民是社会信息的所有者。图书馆具有提供社会信息的义务，而地方政府具有公开社会信息的义务。

2. 图书馆应消除社会的障碍。

世上有阻挡人们的视野、妨碍人际交流和自我教育能力的障碍，图书馆就是要消除这一障碍，为阅读力较低的人、文盲或者不懂英语的外来移民提供识字的条件。在美国的一些州，如得克萨斯、俄克拉荷马以及新墨西哥等地，推广农村家庭识字计划，鼓励和推广家庭读书活动。

3. 图书馆是改变社会不公平现象的基地。

在美国，随着经济收入贫富差别的扩大，信息获取上的贫富差别也有扩大的趋势。由于电子信息的发展，有些图书馆对一些电子服务开始收费，有些图书馆减少了开放时间，使得信息贫者（The information poor）有被进一步剥夺基本权利的危险。面对这种情况，图书馆应该不论贫富和等级，向社区所有的人平等地提供资料。

4. 图书馆尊重个人的价值。

图书馆要向每一个人、每一种思维方式大开方便之门。图书馆不应被功利主义的花言巧语所迷惑，应配备各种历史的、文化的、政治的资料，为具有探索精神和向权威挑战的人提供服务。

5. 图书馆培育创造精神。

每一个人都有像儿童那样的好奇心理。好奇心是创造性和想象力之母，无论是一般图书馆，还是专业图书馆，都具有刺激这种好奇心的社会功能。图书馆保存着成为历史的过去的思想，但是今天人们在追求新思想的时候，在交流不同思想的时候，过去的思想也将成为人们释疑和解题的原料。

6. 图书馆为儿童打开心灵的窗户。

公共图书馆应提供从给学前儿童讲故事到为高中生进行就业选择的服务。儿童图书馆员有责任根据不同年龄儿童的不同需求，提供各种层次的阅读辅导活动。儿童通过拥有自己的借阅证，开始理解作为独立的个人的责任，将自己融入所选择的图书、录音带、录像资料以及玩具等新的世界中。

7. 图书馆的服务会得到社会应有的回报。

图书馆培养出无数的董事长和总经理，同时也得到大量来自他们的捐赠和回报。因此，图书馆服务的效益不少是间接的、潜在的。图书馆员要放眼未来，因为他们的劳动必然会在未来的某一时刻得到回报。

8. 图书馆构建社会群体。

所谓构建社会群体，就是图书馆通过信息将各种群体结合起来的意思。图书馆重视每一个人的存在，并通过各个群体的活动，将人类生活全面地记录并保存下来。

9. 图书馆系紧家族的纽带。

在暴力、赌博、离婚以及虐待老人等社会现象日益严重的今天，图书馆成了美国家庭最好的朋友。在不少图书馆里，有为家庭学习中心、家庭识字教育、幼儿故事会、暑假阅读活动以及健康咨询等提供服务的各种丰富多彩的项目和活动。

10. 图书馆激励每一个人。

图书馆不仅是教育性的，也应该是挑战性的。图书馆并不指望把所有的资料原封不动地提供给所有的人，而是将特定的资料提供给特定的人。

11. 图书馆提供心灵的圣地。

当人们走进教堂的时候，会感到心灵上的平和与安静。图书馆是令人肃然起敬的地方，人们到图书馆并不一定要看什么特定的资料，而是去感受一下这种气氛。

12. 图书馆保存历史记录。

图书馆是保存人类文明记录的地方。为了让现在以及未来的人们发扬历史的精华、吸取历史的教训，各图书馆应把保存最能反映人类文明轨迹的地方史资源作为自己的重要职责。

公共图书馆管理 12 条建议（日本）

1996 年，日本图书馆研究会公共图书馆管理调查委员会对日本全国 127 家公共图书馆的现状，进行了问卷调查和实地考察，并在此基础上发表了《关于公共图书馆管理的 12 条建议》①：

1. 取消利用限制。

当读者再次续借同一本图书的时候，或者忘了带借阅证而希望借书的时候，图书馆不应该拒绝他们，原有的种种限制性规定应该

① よい図書館の条件を求めて：いくつかの提言．図書館界，48（6）：501-502.

进行修改。

2. 选择读者现在需要的常用资料。

公共图书馆应该时常为读者提供现在需要的资料，而不应该以满足未来需要为借口，选择读者不需要的资料。

3. 藏书体系要反映读者的需求。

要经常研究和分析居民的资料需求，并将这些需求反映在图书馆的藏书体系之中，为此，可以利用电脑进行这类统计分析。

4. 重视儿童读者的愿望。

公共图书馆应配置儿童喜欢阅读的资料；如果本馆缺乏这类资料，应让儿童自由推荐或预约。只有这样，才能吸引更多的儿童利用图书馆。

5. 平等地对待每一个读者。

所谓尊重读者，就是不要以指导的口气鄙视读者。比如，不要小看那些只看漫画、周刊杂志，或者只听 CD 或者只看录像的读者，图书馆也应该满足这些读者的需要。

6. 加大预约服务的力度。

要重视居民对资料的价值判断，图书馆应想方设法满足来自他们的预约需求，只有快速、准确地提供他们所需要的资料，才能搞活图书馆服务。

7. 增加复本量。

等待时间过长会降低读者对图书馆的信赖程度。对预约比较集中的图书，图书馆应尽快配置更多的复本，要确保 1 个月内处理 8 成以上的预约需求，等待时间最多不能超过 3 个月。

8. 让开架图书更有魅力。

大部分读者从书架上放些什么书，就可以对图书馆的馆藏结构和选书质量有一个大致的评价。要使开架藏书始终保持魅力，有3个方面需要注意：1. 采购有魅力的图书；2. 及时剔除不再受欢迎的图书；3. 让有魅力的书留在书架上并不断增加复本。

9. 有效使用经费。

图书馆经费是来自居民的税金。因此，这些由图书馆员任意使用的经费必须有效地运用好，不该购买没有利用价值的图书。

10. 尊重每一个读者。

公共图书馆应该尊重社区的每一个居民。对于那些暂时不常利用图书馆的外国人或者住院的患者，图书馆更应该主动接近他们，为他们提供服务。

11. 认真考虑服务的优先顺序。

通常，外借被列为公共图书馆业务活动的首位。因此要竭尽全力做好外借和预约服务。

12. 重视解决来自读者的各种难题。

不要鄙视读者提出的各种也许是不妥当的意见。

第二章

业务重心：从第二线向第一线转移

新技术在图书馆的广泛应用以及信息处理社会化程度的不断提高，使得信息加工的成本大大降低。目前国外不少中小型图书馆已经逐步撤销分编部门，其信息加工与处理的业务主要依赖大型图书馆或集中编目来完成，馆内只需少数人员从事部分资料的加工处理业务。过去，图书馆内中高级专业人员主要集中在采编部门，现在我们已经逐渐看到这样一种趋势：即大量业务骨干正在从繁琐的事务性劳动中解放出来，走向读者服务第一线。这一结构性大变动，为图书馆业务重心的转移创造了良好的环境，使得图书馆可以腾出更多的精力重点发展第一线的读者服务。

这一业务结构的重大调整，主要是在两个层面上展开的：一是调整业务结构，实现业务重组，实施业务管理的科学化和规范化；二是通过委托管理或业务外包，使得图书馆工作的每一个环节都能找到最合适的部门来完成。

由此可以划分为两个阶段：第一阶段是在图书馆内部展开的，通过人事制度的改革和业务环节的调整，使图书馆业务活动逐步纳入规范化、高效化的轨道；第二阶段主要反映在委托管理和业务外包这两大新的管理方式对图书馆机构重组所带来的影响上。通过业务活动的社会化和专业化，图书馆信息处理和服务的水平上了一个新的台阶。同时，人们开始重新思考原有图书馆业务环节的合理性问题，就是说图书馆员的专业性到底体现在哪些方面？如果说图书馆内的事务性工作如排架、划到等可以外包的话，那么业务性强的工作如分类、编目等为什么不能外包呢？进一步说，如果分类、编目等工作也可以外包的话，那么，图书馆员作为专业人员的价值又将体现在哪里呢？所以，社会大环境的变化对图书馆传统管理模式提出了新的课题。

成本管理

长期以来，由于公共图书馆属于社会公益性服务部门，在管理上深受官僚主义思想的影响，图书馆业务被置于行政的角落。一些政府部门往往用行政管理的手段来管理图书馆，造成了人浮于事、效率低下等问题，严重妨碍着图书馆业务活动的正常开展。同时，由于传统管理思想的惰性，不少图书馆在引进新技术和新方法上缺乏热情，劳动生产率一直在较低的水平上徘徊。其主要原因在于：一是图书馆在管理上一直重经验、轻理论；二是管理学专家往往忽视对非营利机构的研究；三是图书馆学情报学专家把目光集中在图书馆技术与服务层面的研究上，很少重视经营管理上的问题。难怪美国的一位系统科学专家会这样说："在我的一生中，我甚至不能模模糊糊地感知到什么是图书馆的功能测度。我的许多学生曾经做过艰苦的尝试，但我们不得不做出这样的结论：我们不知道大学图书馆要使什么最大化。"①

我认为，图书馆最突出的问题是缺乏成本意识。图书馆过去

① 杨伟真．图书馆经济学．成都：成都出版社，1991：93.

不太重视成本管理，其实管理、编目、服务甚至库存都有成本的问题。比如在美国，一条书目记录的原始编目成本大约为 50 美元，但如果从现存的数据库中套录一条书目记录的话，只需要 1 美元左右，因此很多图书馆会想方设法利用社会化的数据库服务来降低自己的运行成本。再比如，一本书库存于市中心和库存于郊区的成本是不一样的，20 世纪 80 年代大英图书馆新馆在调研期间就测算过一本书藏在伦敦市区的成本是每年 2 英镑，而放在远离市中心的郊区是 1 英镑。正因为如此，一些图书馆在郊区建立书库，把不常用的资料转移到郊区保管。在读者服务、信息处理等各个流程都有如何降低成本的问题。如果这些成本能够降低的话，那么图书馆的管理效率和服务水平将会得到很大的改善。我们要研究通过引进企业管理机制和竞争机制来降低图书馆管理成本和信息处理成本的问题。国外有人提出 ABC 法，即 Activity-Based Costing，中文直译为“以活动为基础的成本核算”，意译为“成本动因分析”。就是说，图书馆是由多个并行、交叉的业务流程组成的，而每一个业务流程都具有多种行为的活动。通过分解和量化业务流程中的各项活动及其成本动因，来动态地管理、调整并重组整个业务流程，达到降低成本、提高效率的目的。图书馆业务环节中的各项成本如阅读成本、查询成本、咨询成本等都是各不相同的，过去那种笼统的成本计算方式是毫无意义的。因此，ABC 法为提高图书馆管理效率提供了一种比较科学的方法论。

图书馆缺乏营销意识和竞争意识。重生产不重营销，重产品不重用户，致使一些具有悠久历史的产品经不起市场考验而半路夭折，一些具有较高信誉度的服务得不到市场认可而流于形式，这样的例子不胜枚举，说明对品牌的价值和营销的作用缺乏足够的认识。图书馆应重视和扶持那些具有社会效益和经济效益的产品和服务，通过营销促进生产效率、扩大市场规模，同时提高自己的社会知名度和服务信誉度。长期以来图书馆工作人员习惯于“大锅饭”管理环境，缺乏竞争精神，没有压力感；而一旦机制转换以后，又不知道如何竞争、与谁竞争。有时候每个部门、每个人看上去都很强，但相互之间往往缺乏一种良好的协调与合作机制，对外很难形成强有力的竞争优势。

罗伯茨（S. A. Roberts）曾经指出，成本管理在整个图书馆管理中是最薄弱的一个环节。[①] 日本图书馆学家津田良成也认为，图书馆管理最大的问题之一是目的的不明确性。不仅目的不明确，而且成本的观念也很淡薄。[②] 由于图书馆是非营利性的公共服务部门，不能简单地用一般的效益指标如价格、利润和产值来计量，所以，人们往往比较忽视对图书馆效益的研究。

成本是衡量经济效益的重要尺度。以编目为例，据1977年《图书馆季刊》上的资料，美国90所研究性图书馆每年收藏800万册、30万种图书，在编目上总共花费1亿美元——也就是说，每种图书的编目费用为330美元。[③] 后来由于实现了电脑联机编目，编目成本大大降低。根据1986年的资料，在美国，平均每种书的

---

① 杨伟真. 图书馆经济学. 成都：成都出版社，1991：93.

② 高山正也编. 図書館情報センターの管理. 東京：勁草書房，1993，227.

③ Stephen A. Roberts. Cost Management for Library and Information Services. New York：Butterworth，1985：1.

编目成本为 17.17 美元；[①] 而到了 1990 年代中期，已下降到 12 美元。[②] 当然原始编目的成本依然很高。我国目前仍有一些图书馆处于手工编目阶段，尽管有不少图书馆实现了联机编目，但编目自动化的整体水平还比较低，要实现完全的联机编目还需要很长一段时间。显然，重复劳动和效率低下是造成成本上升的主要原因，今后随着人们社会生活水平的不断提高，这一矛盾将会越来越突出。

图书馆在降低作业成本方面，曾进行过各种各样的尝试，如订立操作规程、确定工作指标、把成本核算的原理应用到图书馆工作上来。这些做法在降低作业成本、提高内部管理效率方面起到了一定的作用。如欧美各国图书馆在 20 世纪 70 年代前后推行成本管理，制定了各种操作规程和工作分析，国内对此也有不少介绍。国内各图书馆近年来在引进市场机制、提高工作效率方面也进行了各种各样的尝试，取得了有效的成果，为图书馆结构调整打下了良好的基础。

公益性服务与市场化运作

2001 年 10 月 15—17 日在韩国汉城（今首尔市）举行的第 2 届世界知识论坛上，我有一种强烈的感受，那就是在很多企业家和

① George Harris. Historic cataloging costs, issues and trends. The Library Quarterly, 59（1）：16-17.
② Spies，Phyllis B. Defining OCLC in the 21st century. OCLC Newsletter，1997（July/August）：7-10.

政治家的心目中，图书馆不重管理、不讲效益、缺乏经营机制和竞争意识，其潜台词就是图书馆不应该浪费公共资源和纳税人的钱。难怪国外不少政府在行政改革中，把长期以来忽略管理和成本的图书馆等公益性部门列入整改名单，要求这些部门有效地引进市场竞争机制，把可以推向市场的部分业务实行外包或委托管理，达到降低成本、提高效率的目的。事实上，图书馆存在的最大问题就是成本高、效率低，一般发达国家的图书馆经费中有三分之二实际上是用于人头费开支，所以他们要求图书馆大幅度裁减人员。日本实行委托管理制，就是要把企业管理机制引进图书馆，把专业岗位和非专业岗位分开，把可以外包的部分外包给专业性公司，以降低运作成本、提高业务效率。看来，图书馆及情报所管理体制的改革已经成为当今世界性的发展课题。

那么，公益性服务与市场化运作是矛盾的吗？徐金法认为，"图书馆的公益性与市场经济机制与原则并不矛盾"，"图书馆的公益性并不决定于办馆方式，图书馆并不反对追求功利价值和效率价值"。①

图书馆服务属于公益性服务，是一种公共产品（public goods），它是政府向全体社会成员提供的平等的、无差别的信息服务，人们不受地位、种族、富裕程度和城乡差别的限制，均可平等享受。从公共行政学的角度来看，政府负有提供公共服务的责任，但公共服务并不一定要由政府部门及其公务员（在不少西方国家，公共图书

---

① 徐金法．关于图书馆事业公益性原则的思考．图书情报工作，2002（8）：121.

馆员基本上都属于公务员）亲自提供，可以采取政府负责，社会与企业提供，或政府与企业合作提供等多种方式。[①] 现在政府与社会资本合作的 PPP（Public/Private Partnership）模式已经得到普遍应用。

当然也有一些图书馆界的学者对此持不同意见。如 1996 年在我与日本图书馆研究会理事长盐见升教授的对话中，曾提出过类似问题。盐见升认为，“公共的社会机构尤其是图书馆必须把握信息公开和自由的原则。但是在经费负担加重和服务不断扩展的矛盾中，这一原则到底能够贯彻到什么程度呢？对此我深感不安。”他认为民营机构在实施委托管理时，考虑得更多的是成本、效益以及市场的问题；而公共图书馆遵循“任何人都有受教育的权利这一公共教育的原则”，是“以保障这种人人受教育的权利，以及向人们提供作为义务教育之延伸的继续教育的课堂为目标的，因此这一保障基本人权的事业，必须由公共机构用公费来承担并予以实现”。[②]

20 世纪 70 年代末以来，西方各国兴起了私有化运动，不少国家首先从公共部门（public sector）开刀，推行行政、财政改革和人事制度改革。1980 年代，英国撒切尔政府为了克服所谓的“英国病”，推崇芝加哥学派的新自由主义经济论，缩小公共部门的规模，把利润原理和竞争机制导入政府机构和大学等，公共图书馆也不例外。与其他部门相比，公共图书馆的“大锅饭”成分似乎更加严重

---

① 李贵鲜. 公共行政概论. 北京：人民出版社，2002：5.

② 吴建中. 21 世纪图书馆展望. 上海：上海科学技术文献出版社，1996：34-41.

一些，自然首当其冲成为改革的主要对象。在同一时期，美国、日本和西欧等国开始调整图书馆政策，以适应改革的要求。下面我们将通过对委托管理、外包业务等问题的讨论，研究信息处理的专业化和社会化对图书馆业务格局的变化和影响。

委托管理

委托管理，英文称 contracting-out，主要指把原来由政府管理的部门委托给民间团体或企业进行管理。

日本政府从 20 世纪 70 年代末起进行行政改革，简称“行革”。80 年代初，日本京都市立图书馆破例地将所有管理大权交给该市社教振兴财团，实行委托管理；顿时，在日本掀起了轩然大波。1980 年 4 月，京都市教育委员会披露了新建的市馆将实行委托管理的消息。京都市内 4 大团体首先打出反对旗号，联合成立了“市立图书馆问题研究会”。接着日本图书馆问题研究会通过了“反对京都市立图书馆交给财团管理的决议”。10 月，该市 80 名团体代表组成了“建立公众自己的市立图书馆委员会”，并于两个月后，向市议会递交了由 18 000 多人签名的请愿书。京都市的抗议运动得到了全国各地图书馆同行的声援和响应。1981 年 2 月，全国各地纷纷派出代表集会于东京，一致反对图书馆委托财团管理，强烈要求市议会撤回《社会教育综合中心条例》和《图书馆条例》。但是京都市立图书馆仍于同年4月在一片抗议声中举行了开馆典礼。[①]

“京都市立图书馆委员会”的这场官司之所以没有打赢，是因为“民间委托”从一开始就得到了政府的支持。1981年6月，文部省情报图书馆课长田保桥在国立大学图书馆协议会上说：“凡是有条件的都可以逐步实行委托管理。”很快，“委托”风刮向全国。各地纷纷对图书馆进行机构调整，逐步将管理权移交给财团。其实，1981年以前已经有不少图书馆实施了一些小规模的部分委托管理方式，而全面地委托财团管理图书馆则是京都市的首创。此后，大阪、广岛等地不少图书馆相继实行民间委托管理方式。每一次管理权的移交，都少不了一场激烈的争论。4年后长野市议会通过的《图书馆新条例》成了爆发第二次抗议运动的导火线。[②]

1984年，长野市议会通过了全面修正原《市立图书馆管理条例》的新条例。新条例第9条里写进了“图书馆可以委托公共团体进行管理”的条文。该市教育委员会公布了设立财团法人、将2所市立图书馆全部实行委托管理的设想。消息一传开，长野地区的图书馆员群情激昂，在短短的几天里动员起一支声势浩大的示威队伍，并立即得到全国同行的响应。该市成立了“扶正长野市立图书馆市民委员会”等专业团体，再次展开“民间委托”问题的大辩论。1984年12月15日，举行了“图书馆委托问题再思考”集会，并通过了大会决议。18日，日本图书馆协会理事长浜田敏郎亲自

---

① 図書館雜誌，1981（2）：60.

② 吴建中. 日本图书馆界关于委托管理的一场争论. 图书馆杂志，1987（1）：58-59.

派人给该市教育委员会送去了一封题为“论长野市立图书馆的管理”的公开信，重申了文部省曾对图书馆管理的基干部分不拟实行委托管理的意见，希望该委员会重新考虑委托管理的问题。屈服于四面压力，长野市政府不得不作出新的规定，即借阅、参考服务等图书馆主要部门仍由市教育委员会负责，今后的委托业务仅限于设备维持、清扫、计算机管理和流动书车的驾驶等范围内。但条例上的第9条仍未被取消。

这场争论是在日本政府关于“行政减量化”和“经营效率化”等一系列行政改革的背景下展开的。从“高度成长”时代逆转而下，进入所谓“紧缩政府”即“小政府”的行政、财政改革的时代，通过对诸如教育、文化以及福利事业等的民间委托，达到“精兵简政”的目的。京都市立图书馆的委托管理之所以得以实施，正是因为这种做法是与政府的行政改革相吻合。京都市教育委员会委员长认为，委托的目标在于：

（1）期待市民丰富的想象力和创造力；

（2）开展灵活的市民服务；

（3）与市民活动相协调；

（4）进行有效的科学管理。

另外，从1984年10月日本地方自治经营学会发表的《妨碍自治体行政改革的政府方面的原因——现状与改革方向》的报告中，可以窥见政府的行政改革意图。在有关图书馆的一段中这样写道：“公民馆、图书馆等虽然义务上规定了要设置专任馆长及其他职员，但不必生搬硬套国家的有关基准，可以按照地区的实际情况，尽量多录用编外人员与志愿人员，由地区居民自主地进行管理。”虽然该报告属于政府智囊团对政府提出的建议，但它对图书馆带来的影响是不可估量的。如为了配合政府的所谓“减量经营”的方针，东京都立图书馆计划在1985年度削减员工13人，第2年再削减14人。横滨市在濑谷图书馆落成时，提出了采用合同工制度的方案。他们认为，图书馆业务中有一半是谁都能够做到的，如还书、登录等单纯的事务性工作可以交给合同工处理。因此，在全员14人中，设馆长1人，事务长1人，图书馆员与合同工各6人，并要求今后市内图书馆都参照这一做法。在图书馆员的竭力反对下，该市政府才不得不作出把合同工减到2人的让步。

图书馆委托管理之争在5年内几起几落，最后以文部省在1984年底举行的都道府县市立图书馆馆长会议上的答询基本定局，即：

（1）在交付补助金时不考虑变更馆长与馆员的必备条件；

（2）公共图书馆免费公开的原则不变；

（3）即使在引进民间活力时也要坚持反对把有关图书馆业务的主要部分委托财团管理的方针。

文部省定的这一基调在某种意义上对图书馆委托管理作了一些限制，承认从公共图书馆的基本性质出发，委托只能局限于机械性的事务工作，全面委托是不妥当的。比如，1994年东京都调布市政府曾经在图书馆委托管理的问题上，确认了“公共图书馆不适合于委托”的原则。[①]

① 図書館雑誌，1993（4）：213-218.

从20世纪90年代开始，日本在新自由主义改革的推动下，进一步推动PFI（Private Finance Initiative，民间主动融资）与指定管理者制度。1999年日本制定了可以将公共设施的建设乃至经营委托给民营企业去做的《民间资金的活用与促进公共设施法律案》。2001年8月，日本三重县桑名市政府开始实施PFI模式，将包括图书馆在内的一些公共服务项目承包给私营公司。据说该合同为该市节省了5.5%至12.5%的开支。市立图书馆合同期为30年，合同期满后图书馆的设施与藏书将归还给市政府。[①]2003年日本又制定了指定管理者制度，这个制度是为提高公共设施服务效率、降低经营成本而将公共设施管理经营委托给民间团体的制度。指定管理者制度虽然降低了行政成本，但对图书馆职业制度冲击很大。据日本《图书馆界》（2009年1月号）小形亮撰写的《非正规职员化的图书馆》一文透露，日本各类图书馆中非正规职员数量已经占了从业人员总数的60%，也就是说非正规职员数为18 507人，而正规职员仅为13 573人。这正是这几年日本政府大力推进委托管理、PFI以及指定管理者制度使图书馆内非正规职员数量急剧增加的结果。

在欧美，20世纪80年代初也出现过政府把图书馆委托给公司管理的事例。如1982年，美国人口调查局图书馆被承包给一家商业公司，由于遭到美国图书馆协会的强烈抵制，委托制才没有形成气候。[②]1987年英国保守党议员特蕾莎·高曼（Teresa Gorman）女

① 他山之石——公私合作模式（PFI）. 建中读书.［2013-10-04］. http://www.wujianzhong.name/?p=8.

② Library Journal，1983（1）：618.

士提议修改《地方政府法案》，要求地方政府把整个图书馆服务都承包出去，但遭到强烈反对，最后不得不撤回提案。[①]

尽管美国公共图书馆这些年来面临严重的经费削减，一些地方政府也试图将图书馆委托给民营企业管理，但其遭遇比日本要好得多。在美国，第一个系统接受企业管理的县市级图书馆是加州的河滨县（Riverside County）图书馆，它于1997年交给企业经营；此后从1997年至2007年的10年中，另有13个县市图书馆接受了委托管理；再之后自2010年至2011年间，又有4个县市图书馆加入。这在美国公共图书馆系统中只占很小部分。[②]

美国最大的图书馆运营商LSSI（Library Systems & Services）成立于1981年，到目前为止，全美国仅洛杉矶、芝加哥以及纽约市的60家图书馆分馆接受该公司的委托管理。图书馆界强烈抵制的原因，一方面是因为企业管理费用高，往往达到15%；另一方面企业过于考虑眼前经济效益，忽略长远发展；更重要的是美国图书馆员具有强烈的职业精神，这一点从每年数万人参与美国图书馆协会年会的盛况就可以看得出来。美国图书馆协会在2001年就通过理事会议发表立场声明，强烈抵制图书馆委托给企业管理，认为公共图书馆应直接接受对公众负责的公共机构管理，[③] 并将该声明编入美国图

---

① Library Association Record，1987（11）：551.

② Heather Hill. A Look at Public Library Management Outsourcing. Public Libraries Online（May-June 2012）.［2013-10-04］. http://publiclibrariesonline.org/2013/04/a-look-at-public-library-management-outsourcing/.

③ 原文是：ALA affirms that publicly funded libraries should remain directly accountable to the publics they serve.

书馆协会政策手册（*ALA Policy Manual*）之中（52.7 Privatization of Publicly Funded Libraries，公共图书馆的私有化问题）。[①] 在德州的贝德福德市就有过一次成功抵制的案例——为了反对将图书馆委托给企业管理，图书馆员在4天内争取到1 700个签名，最后市议会以四对三票否决了该案。[②] 此外，还有两个县市级图书馆在交给企业管理后，又回归由公共部门管理，它们是加州的卡拉巴萨斯公共图书馆（Calabasas Public Library）和德州的兰开斯特退伍军人纪念图书馆（Lancaster Veterans Memorial Library）。[③]

委托管理的核心在于图书馆的人事制度。从管理上来看，实行委托以后，工作效率提高了，加工成本降低了，但图书馆员的专业制度在某种程度上受到了挑战。为此，日本图书馆协会图书馆员问题研究会发行了《公共图书馆都应该建立图书馆员制度》的小册子，该书认为，政府的减量经营原则对图书馆是不适用的，因为图书馆员不是一般的政府工作人员，其任用、配置都是有法律依据的，实行委托管理制度必然会影响和动摇专业人员制度。如京都市立图书馆的33名工作人员中，图书馆专业人员只占4名。委托管理的另一个目标是提高管理效率。实行委托管理以后，加强了科学

① Policy on Outsourcing and Privatization. ALA.［2013-10-04］. http://www.ala.org/tools/outsourcing.

② David Morris. The Public Library Manifesto：Why libraries matter，and how we can save them. YES Magazine.［2013-10-04］. http://www.yesmagazine.org/happiness/the-public-library-manifesto.

③ Heather Hill. A Look at Public Library Management Outsourcing. Public Libraries Online（May-June 2012）.［2013-10-04］. http://publiclibrariesonline. org/2013/04/a-look-at-public-library-management-outsourcing/.

管理，重视了成本核算，使一些业务流程逐渐合理化、规范化。在实行整理业务委托的图书馆，减少了分编的重复劳动，使图书馆员能腾出更多的精力开展第一线的服务。因此，整理业务委托从一开始就在理论上得到了充分的肯定。他们认为，今后的委托只能限于机械性的事务劳动，参考、外借等服务是不能委托他人管理的，因为图书馆员的专业性主要体现在资料检索和参考咨询等服务上。今后图书馆即使实现了高度自动化以后，这些服务也是必不可少的，而且也是不能由非专业人员替代的。

业务外包

外包，英文叫 outsourcing，即在企业或团体价值链中的每一个环节都能够获得最大限度的服务和管理效益，具体来说，它是通过委托外部企业或团体提供本来应该由内部操作的各种业务活动和服务，以起到降低成本、节省时间、提高效率和改进质量之效果。更重要的是，通过业务外包，可以集中精力更有效地完成本单位的核心任务和目标。业务外包在这里主要指部分业务的外包，而不是整体管理的外包。

在委托管理风潮之后，业务外包成了图书馆界比较能够接受的管理方式。由于它基本上不涉及管理权的问题，而且又能够达到科学管理的目标，所以很多图书馆都乐意采用这种方式，将一些事务性处理的业务甚至分类编目等技术服务外包给专业性企业来完成。

业务外包是20世纪90年代以来发展起来的一个流行语，但实际上这种方式早已有之，据1977年《东京都公共图书馆职员研究大会报告》提供的资料，在东京都当时93所图书馆中，有47所实行分编整理方面的部分委托业务；又据1981年5月15日的日本《自治日报》报道，在该国被调查的542所公共图书馆中，实行警卫委托的占37.7%，清扫委托的占58.5%。此外一些技术业务也有外包的例子，如日本国立国会图书馆将缩微和复制业务承包给日本富士公司来进行，这样该馆就省去了技术人员配置、设备维护维修等方面的开支。2008年发表的一项研究表明，在受访的日本大学图书馆中，90%实行了部分业务外包。①

业务外包不仅适用于图书馆、博物馆等社会公益性服务部门，也可以在各种类型的社会机构和生产部门进行推广，其意义在于调动一切社会积极因素，有效地将各种资源充分利用起来，同时实现科学化、专业化管理的目的，这样就可以从根本上改变过去那种“大而全”、“小而全”的传统管理模式。作为一个机构来讲，除了自己的主干业务以外，其他业务都可以考虑实行社会化管理，这样既可以节省人力、时间和经费，又可以得到专业化服务。机械性劳务也好，事务性工作也好，都可以交给专业公司，这样图书馆人事部就不需要聘用正式编制的清扫工、保安员以及贴书标、上下架等

① Sato Sho and Itsumura, Hiroshi. A survey of outsourcing in academic libraries in Japan. Library and Information Science，2008. Abstract only［cited from http://shodhganga.inflibnet.ac.in/bitstream/10603/9138/9/09_chapter%202. pdf］

属于非专业人员的辅助工种。即使是分类、编目、数据库建设等专业性工作，也可以通过专业性技术服务公司集中处理，以减少不必要的社会重复劳动。

邱春兰和肖永霖认为，"图书馆外包有利于提高文献建设质量、提升采编效率以及提高人力资源的合理使用"；并进一步认为，"外包可以促进图书馆思考如何降低成本、提高效率，创新运作程序和业务重组。"[①]

通常图书馆业务实行外包的主要内容有：

1. 分编业务

这种方式非常普遍，如将馆内编目工作委托给从事分类编目的专业机构，有的还进一步把贴书标、贴条形码以及其他加工业务承包出去，使得图书到馆以后就可以直接上架，提供给读者使用。

分编委托包括分编业务、从分编到加工一揽子业务以及回溯分编业务等项目。在美国，不少书商或代理商直接向图书馆提供新书配送业务。他们将自己的数据库与书店及图书馆等终端链结起来，形成一个图书供应网络，实行查询、供货以及分编等一条龙服务。这些书商还与图书馆专业网络联网以共享书目数据。

合作编目的好处是可以降低分编成本。举 OCLC 为例，从该中心联机套录 1 条数据的费用是 1 美元左右，而向该中心提供 1 条新数据可以获得 4 美元左右的回报。批量或回溯性编目服务，费用

① Qiu Chunlan and Xiao Yonglin., Focus shift and outsourcing in university libraries' acquisition and cataloguing. International Journal of Business and Management, 2008 (3): 129–132.

一般为2美元以上1种，根据美国一家图书馆专业公司提供的价目表，其中1.35美元为每条书目的编目费，1美元为卡片费，磁带费另收。而原始编目每种图书还要加收10美元，中文图书每种书的编目要30美元左右。同样是分编图书，如果是图书馆自己单干的话，每种图书至少要50美元以上；委托编目的话，平均为2至12美元，最多也不过30美元；而套录的话只要1至3美元就够了。资源共享的效益显而易见。OCLC之所以在2015年会扩展到100多个国家16 000多个成员馆的规模，而且仍在不断发展，主要原因就是因为它给图书馆带来了实际的效益。

2. 一揽子采购

国际上书商与图书馆之间有一种特殊的服务，即一揽子采购计划，具体的方式有blanket order和approval plan等。图书馆根据自己的方针、任务确定选书范围，然后列出清单供书商备案参考。图书馆要了解书商的出版方针、范围和信誉，而书商也要熟悉图书馆的选书要求和读者兴趣。经过一段时期的实践，图书馆与书商之间就会产生某种默契。这种做法对于大中型图书馆来说比较合适。

3. 数据库建设

数据库是图书馆数字化资源建设的一个重要内容，由于它需要集中一段时间、投入一定的人力和物力，所以，图书馆往往选择外包的办法，请专业性机构来完成。一方面，可以通过合理分工，使分编人员和录入人员各司其职，发挥各自的优势；另一方面，可以使图书馆在不增加正式编制的情况下完成项目。现在看来，突击性的项目还是以外包为好，否则，如果请录入不熟练的分编人员去做录入的话，就会起到事倍功半的不良效果，浪费人力资源。

4. 馆外设备的利用，如外部主机的利用

1995 年 11 月，我随中国电子图书馆考察团赴北美考察，在加拿大的 ISM（信息系统管理公司，现改名为 A–G Canada），我们看到庞大的计算机中心机房内，不仅有图书馆信息资源，而且有加拿大政府机构和企业的一些大型数据库。ISM 是国际性信息处理公司，它以业务外包为主，根据客户需求专门为他们处理各种信息数据。因此，一些规模较小的图书馆不必考虑设立自己的专用机房，可以利用或租用上一级单位或专门机构计算机中心的硬件设施进行运作。由于硬件设备更新比较快，常常会出现安装不久就面临淘汰的尴尬局面；而租用外单位的硬件资源，不仅本单位可以省下一大笔开销，外单位的硬件设施也能够做到物尽其用，发挥最佳效益。

5. 项目的设计和建设等

为了有效地开展各种专业项目或工程建设，图书馆应充分利用和调动各种社会资源。或者吸引外界专业人员参与，或者实行项目外包，一般来说后者的效率更高。除非图书馆有一支类似的专业队伍，否则就要为一个并非经常性的项目去引进专门的技术人才。

图书馆在考虑业务外包的时候，应注意以下几个问题：

（1）分析工作流程，确定哪些工作可以实行外包。

要研究外包以后，对内部工作会带来什么影响、如何做好协调工作等问题。这是外包工作的重要前提，做得不好会起副作用。

（2）能否达到更好（better）、更快（faster）、更省（cheaper）？

以编目为例，实行外包以后，编目工作是否会做得更好？外包和自编相比，哪一个更快？编目费用是否会更便宜？

（3）对用户会产生什么不利影响？

（4）外包以后质量会不会降低？如何进行质量控制？

不少专家担心外包以后会影响产品的质量以及本单位对专业的控制。

但是，外包是否就是最佳方案呢？伊文斯（R.Evance）在《今日管理》（*Management Today*）杂志1994年11月号上撰文指出业务外包的弊病，他认为，有些机构只考虑运行成本，把有些业务承包给第三方，这样会导致馆内专家（in-house experts）力量的削弱和对信息管理的失控。只要图书馆内部通过结构和流程重组，实现科学管理，也可以达到降低成本的目的。《图书馆管理》（*Library Management*）杂志2002年6/7期发表了一篇有关俄亥俄州立大学图书馆外包与自建的案例分析报告。报告显示，该馆将部分斯拉夫语的资料外包给OCLC编目，1994年每件资料的编目成本，外包为34.71美元，图书馆自编为56.32美元；而2000年，该馆加强了有效管理，提高了工作效率，使每件资料的自编成本下降为17.03美元，而OCLC每件收取36.67美元。[①] 也就是说，外包费用略有升高，而自编费用大幅度下降，说明只要管理有效，照样可以降低成本、提高效率。

① Magda El-Sherbini. Outsourcing of Slavic cataloguing at the Ohio State University Libraries：evaluation and cost analysis. Library Management，2002（6/7）：325–29.

委托管理和业务外包之比较

委托管理方式之所以没有形成图书馆管理的主流，是因为这种方式常常因涉及图书馆性质的问题而引起争议。首先，有人担心实行委托管理后图书馆原有的管理体制会不会产生动摇。公共图书馆作为非营利的公益性事业机构，一直是由政府直接管理并全额拨款的。图书馆提供免费服务在大多数国家已经作为法律形式被固定了下来，尽管在私有化浪潮的冲击下，很多图书馆开始对部分服务实行收费，但有偿服务并没有成为图书馆事业发展的主流。美国图书馆协会公共图书馆分会制定的《美国公共图书馆系统的最低标准》里也有这么一段话："因为社区图书馆开展对社会政策产生影响的服务，因此应当基本上靠公费维持。"[①] 人们（尤其是图书馆员）最担心的是，图书馆一旦委托给民间团体或企业管理以后，就会被纳入利益机制的轨道，逐渐丧失其作为公益性事业的性质。其次，是图书馆员的专业性会不会受到影响。在很多国家，公共图书馆员属于公务员系列。由于图书馆经费中，人头费往往要占70%至80%，而实行了委托管理以后，这些经费全被包括在委托费里，结果人头费往往成为接受委托单位降低成本的首要目标。有些原先由图书馆员

① 宋运郊译. 美国公共图书馆系统最低标准（续一）. 黑龙江图书馆，1984（3）：42.

承担的专业性工作，不仅非专业人员也能做，而且成本更低，被委托者当然要考虑效益问题，由此造成了非专业人员的大量雇用和专业人员所占比例越来越小的问题。这样做的必然结果，是图书馆服务质量和图书馆员专业水平的降低。美国图书馆协会于1988年冬季年会上，针对美国联邦政府各图书馆开始出现委托民间机构管理的动向，作出了向国会建议制止将联邦政府图书馆和托存资料馆交给民间管理的决议。[①]

其实，业务外包与委托管理有很多相似之处，都属于把馆内业务承包给外部专业机构的做法。业务外包重点在于某一具体作业或项目的委托，而委托管理则关系到图书馆管理体制和方式的变化。由于委托管理是在当时私有化浪潮中时兴起来的，曾经被当作图书馆公办民营的敲门砖，所以引起图书馆界人士的强烈不满。业务外包之所以受到图书馆界的欢迎，主要原因就是这种做法较少触及管理体制问题，而且又能解决目前普遍存在的管理效率低下的矛盾。

图书馆业务重心从第二线向第一线转移，就是在图书馆业务管理体制和机制改革的条件下实现的。如果没有现代科学技术对图书馆传统技能的改进，如果没有现代管理思潮对图书馆传统管理机制的影响，这一重心转移所经历的时间将会更长。现在有的图书馆已经实现了机构重组，有的图书馆正在进行业务改革，而还有不少图书馆仍在等待观望。但总而言之，业务重心向读者服务第一线转移

① Amer can Librarians，1988（3）：173.

是由图书馆的历史使命和专业性质所决定的，它是图书馆发展的必然趋势。

核心业务与核心竞争力

核心竞争力是支撑核心业务的优势所在。何谓核心竞争力？核心竞争力是美国经济学家普拉哈拉德（C. K. Prahalad）和哈默尔（Gray Hamel）于1990年在《哈佛商业评论》中提出来的，他们认为，“就短期而言，公司产品的质量和性能决定了公司的竞争力；但长期而言，起决定作用的是造就和增强公司的核心竞争力（Core Competence）”。[①] 核心竞争力的观点很快就得到企业界和理论界的共鸣，并得到广泛普及。核心竞争力的核心是提炼并确立核心业务。对于企业来说，核心业务就是企业独特的、难以被其他企业模仿或替代的、具有竞争优势的主要业务。大部分成功的企业都有一个经过周密规划的核心业务。《利益来自核心》（*Profit from the Core*）的作者祖克（Chris Zook）认为，企业家应该高度重视核心的潜能，即市场定位、市场能力、利益联盟、成本定位和再次投资的行为等。迪斯尼（Disney）获得成功的关键，是它有一个明确的市场定位，始

---

① 孟娜．打造核心竞争力——中国企业迎接入世挑战的战略选择．2001-09-10. http://www.e-works.net.cn/zt59/2001910/32205.htm.

终把自己定位在与卡通有关的产业上，以卡通为中心，逐渐向相关的周边产业拓展，其品牌的无形价值就值10亿美元。因此，祖克认为企业要获得成功，必须解决3个方面的基本问题：

（1）在自己的核心产业或该产业的附加产业上建立市场力及影响力；

（2）在此基础上，从核心向逻辑的、强化的周边产业扩展；

（3）应对市场动荡，及时对核心进行调整和重新定位。[①]

什么是图书馆的核心业务、什么是图书馆的非核心业务呢？图书馆的核心业务随着形势的变化而变化，过去图书馆把分类编目等技术性较强的业务看作是核心业务，所以高层次人才主要集中在这些技术服务（technical service）部门。而随着社会分工更趋专业化和社会化，一般图书馆通过购买或利用外界提供的社会化专业服务，撤消或裁减技术服务部门的人员，将他们充实到公众服务（public service）部门，重视提高公众服务的质量，推动了参考咨询业务的发展。图书馆的核心业务由后台的技术服务转向前台的参考咨询服务（reference service）。

图书馆的很多业务是可以外包的，如排架、贴书标等事务性业务和分类编目等技术性业务等，可以由外界的专业性服务公司来完成，而作为图书馆核心业务的参考咨询是不应该被外包的，这正是图书馆这一职业与其他职业的区别之处。

图书馆每天都在生产信息数据，形成各类数据库和知识库，同

① 吴建中．发展知识经济消除知识鸿沟：出席汉城第2届世界知识论坛有感．情报资料工作，2002（1）：76-77.

时每天向社会提供如文献传递、定题服务、参考咨询等增值性信息服务。过去我们往往用行政管理方式来运作这些带有经营性的服务项目，缺乏成本观念和经营意识，造成信息和人才资源的严重浪费。不少图书馆为了创收，不分主次地开展各种有偿服务，追求蝇头小利，不惜影响图书馆的整体社会形象。现在是图书馆分清哪些该做、哪些不该做、哪些重点发展、哪些实行外包或社会化管理的时候了。从大量业务活动中把核心业务遴选出来，对于提高图书馆业务的效率很有必要，图书馆管理者可以从大量事务性、重复性劳动的业务领域转移到知识要求高、增值效益大的业务领域，以提高图书馆的核心竞争能力和综合发展能力。

1. 推进业务重组

核心竞争力是由不同的竞争力要素有机联系而成的整体竞争实力，核心竞争力要素的整合涉及内部管理中各个方面的问题，其实质是内部资源的优化配置。一方面，可以通过业务重组，降低作业成本，提高管理效率；另一方面，可以通过业务整合，集中优势力量，发展重点业务。只有协调各方力量、整合各方实力，才能真正形成整体竞争力优势。值得一提的是，不列颠图书馆（即大英图书馆）经过机构重组，成立了战略营销与通信中心、财政与企业资源中心、研究与典藏中心、技术与公共服务中心以及电子战略与计划中心等五大中心。[①] 此举将对图书馆管理的发展走向带来深远的影响。

---

① British Library appoints its first head of Corporate and Public Marketing and Isabel Oswell to be the British Library's first head of Business Marketing. 2002-10-26. http://portico.bl.uk/cgi-bin/press.cgi?story=1185.

2. 提高业务质量

对于企业来说，质量是企业的生命。没有质量，就没有品牌，竞争力就无从谈起。图书馆也要重视自己的服务质量，经常对自己的服务项目进行业绩评估，提高自己的社会形象和服务信誉。欧盟委员会专门组织了一个图书馆评估项目 Equinox[①]，即图书馆业绩评估及质量管理体系；不列颠图书馆对自己的服务进行经常性的评价，以提高服务水平和效益。我们也可以从最近比较流行的对标概念中得到启示。对标（Benchmarking）又称定点赶超，是国际上流行的一种竞争战略，是不断与竞争对手及本行业中最优秀的机构比较实力、衡量差距的过程，也是以比较、衡量产品、服务和经营管理为基本内涵的学习与发展的过程。对标作为企业战略计划的工具之一，其基本做法是在业内寻找一个最佳竞争对手，模仿它们的一些最佳做法来改进并提高自己的竞争能力。[②]WOREP（威斯康辛-俄亥俄参考评价项目，Wisconsin-Ohio Reference Evaluation Program）曾经用对标方式对68所学术图书馆和100多所公共图书馆的参考服务开展满意度评估。[③]

3. 开拓用户市场

核心竞争力的一个重要特征就是用户价值。也就是说，能按照用户愿意支付的价格为用户提供根本性的效用。在所有已经开

① Equinox. 2002-10-26. http://equinox.dcu.ie/.

② 耿斌．营销中的定点赶超现象．2002-04-26．http://www.webpromote.com.cn/article/2001/06/18/20010618-1.htm.

③ Joanne G. Marshall and Holly Shipp Bechanan. Benchmarking Reference Services：An Introduction. *Medical Reference Services Quarterly*，14：3（Fall 1995）：66.

展的有偿服务中，读者最情愿支付的是知识服务部分，如信息咨询和课题委托部分；其次是信息提供部分，如文献提供和信息复制部分。因为这些服务体现了图书情报工作者的智力劳动和独特技能。图书馆应重点扶持和发展这些增值性智力服务，把它看作自己的核心业务。同时，图书馆也应开拓用户市场，不仅为来馆的读者服务，而且向馆外的、网上的以及潜在的读者群延伸；不仅为一般公众服务，而且为政府部门、研究机构以及企业服务。如不列颠图书馆 2000 年度经营收入 2 449 万英镑中，书目服务为 152 万，占 6%；文献服务为 1 707 万，占 70%，大大高于该年度的购书经费（1 335 万英镑）。不列颠图书馆把文献提供服务看作是自己的核心业务，通过数十年的努力，建立了这一闻名世界的品牌。当然该馆实行合理收费政策，如自助复印是 22 便士（合人民币 2.64 元），人工委托是 36 便士（合人民币 4.32 元）[①]。可见，不列颠图书馆靠核心业务来提高自己的核心竞争力，靠品牌服务来确立自己国际信息中心的地位，首先考虑的是如何能满足用户需求、如何给用户提供方便，而不是考虑如何赢利、如何促销。马来西亚理工大学（Universiti Teknologi Malaysia）图书馆馆长泰柏（Rosna Taib）女士强调，图书馆员要向企业家学习用户意识，特别是学习他们重视用户满意度（Customer Satisfaction，即 CS）的分析和业绩评估方法。[②] 就是说，企业以提高顾客对企业

① The British Library's 28th Annual Report 2000–2001. 2002-10-06. http://www.bl.uk/about/annual/latest.html.

② Online Information conference draws 500 participants. *Access*，2002（6）：1–2.

产品、服务、形象的满意度为核心，营造企业良好的生存环境的做法，是很值得图书情报界学习的。不列颠图书馆为加强营销业务，在战略营销与通信中心下，设立企业与公共营销部、出版与合作伙伴部、商业营销部、教育系统营销部以及营销服务部等部门。2002年1月，聘请曾经在Ernst & Young集团担任营销与电子商务负责人和在路透社担任过出版与广告代理总经理的两位女士，分别任商业营销部和企业与公共营销部的主任职务。[①]

4. 重视组织文化

组织文化是一个机构所具有的核心价值观。图书馆组织文化建设的根本任务是使图书馆事业发展的使命、目标等为全体员工认同，并成为大家共同的价值观和行动指南。组织文化的载体，如俱乐部、文体活动、文艺晚会等是组织文化的表层现象，不等于组织文化。要发展组织文化，就要对本职业及职业使命有一个清晰的认识。如澳大利亚国家图书馆的目标是：让所有的澳大利亚人在他们适宜的场所直接、无缝地获取印刷型及电子资源。纽约公共图书馆的使命是：为广大用户免费和开放地提供作为世界信息中心的智慧资源。如果我们对自己的使命有了清晰的认识，那么我们就会自觉地树立“以人为本”的服务思想，降低门槛，开放资源，让图书馆真正成为能满足社会经济、文化的发展需要、满足各界读者文化和信息需求的资源库和知识库。

---

① British Library appoints its first head of Corporate and Public Marketing and Isabel Oswell to be the British Library's first head of Business Marketing. 2002-10-26. http://portico.bl.uk/cgi-bin/press.cgi?story=1185.

5. 加强知识管理

由英国图书馆和信息委员会（Library and Information Commission）资助出版的《知识管理基本技能的调查：培训要点》（1999 年）中提出，知识管理不再局限于大型企业集团，现在无论是公立的还是私立的组织都在设法从知识管理的一些概念中获益。[①] 作为知识资源的管理和服务部门，图书馆在推广和应用知识管理方面走在了前沿，很多图书馆成立了知识管理部门，开展理论与应用研究。知识管理是决定机构竞争力的关键因素，将知识创造和传播与图书馆的工作流程结合起来，可以产生巨大的价值。

6. 发展竞争情报

在全球经济竞争加剧的环境下，传统的情报活动和市场研究已经很难满足客户的情报需求，因此，以竞争情报为代表的情报研究应运而生。竞争情报是关于竞争、竞争者、市场环境分析的一种战略决策情报。美国率先开展这方面的研究，1986 年成立了竞争情报专业人员协会（Society of Competitor Intelligence Professional，SCIP），标志着竞争情报研究进入职业化阶段。[②] 中国于 1994 年 1 月成立了竞争情报的研究组织，即中国科技情报学会情报研究暨竞争情报专业委员会，1995 年改名为中国科技情报学会竞争情报分会，推动了竞争情报的研究工作。进入 21 世纪后，随着全球经济

① Abell，A. & Oxbrow，N. Investigation of Understanding Skill for Knowledge Management：Training Implications，Interim Report. London：TEPL，1999.

② 王进孝. 20 世纪 90 年代中期以来的美国情报学研究. 资讯传播与图书馆学，2002（3）：77.

一体化的迅速发展和市场竞争的日益激烈，在企业界形成了一股新的竞争情报研究热潮。许多企业开始重视竞争情报的收集、分析和利用，使企业能及时应对各种变化的市场环境和竞争对手，在国际市场竞争中抓住有利商机，以赢得竞争的主动权。如摩托罗拉（Motorola）公司建立专门从事竞争情报研究的情报中心，雇佣情报专家开展企业竞争情报工作，并应用对标（Benchmarking）手段，开展针对竞争对手的情报分析与研究，使得该公司在企业间激烈的竞争中，能及时调整发展战略，掌握主动权。上海科技情报研究所多年来重视竞争情报研究与实践，不仅将理论研究成果应用于企业情报服务，而且还出版有《竞争情报》季刊，并每两年举办一次国际性的竞争情报年会。实践表明，竞争情报有助于发展企业的核心能力，有助于在企业发展战略的选择和调整中把握主动权，在今后日益激烈的市场竞争中将发挥越来越重要的作用。

第三章

服务重心：
从一般服务向咨询服务转移

图书馆工作一般可以分成两大类，一类是事务性的工作，另一类是专业性的工作。事务性的工作主要指清扫、安全、划到、登记、贴书标和条形码以及排架等工作；专业性的工作主要指分类、编目、编制文摘与索引、参考咨询和情报调研等。前者可以分派给临时工，或者外包给专业公司，后者主要由具有图书馆学、情报学以及其他学科背景的人员来完成。但实际上，不少图书馆已经把分类、编目、编制文摘与索引以及建立数据库等相当一部分专业性工作承包了出去。也就是说，这些专业性工作并不一定要依赖图书馆员才能够做。现在有很多公司从事上述业务，承担起原来由图书馆员从事的工作。

那么，图书馆员的专业性究竟体现在哪里？当事务性的工作、专业性的工作一一承包出去以后，还留下什么工作让图书馆员来做呢？假如所有的图书馆工作都可以由外部承包的话，那么，还要不要图书馆员这一职业呢？

从“图书馆五法则”到“新图书馆五法则”

首先，让我们重温一下图书馆的使命。印度著名图书馆学家阮冈纳赞（S. Ranganathan，1892—1972）提出著名的“图书馆五法则”，即：

第一法则——书是为用的。

第二法则——每个读者有其书。

第三法则——每本书有其读者。

第四法则——节省读者的时间。

第五法则——图书馆是一个不断生长的有机体。

阮冈纳赞当时已经发现了这样一个事实：即许多图书馆员注重的是藏而不是用。“五法则”的中心思想体现在第一法则上：书是为用的，而且其中三条与读者有关。

图书馆的使命就是通过收集、组织和揭示各类信息，用有效的手段将这些经过整理的信息展示和传递给读者，并有针对性地满足读者的各种信息需求。收集、组织和揭示信息资源是图书馆基本的技术服务，展示和传递信息是图书馆基本的对外服务，而有针对性地满足读者的各种信息需求是图书馆的深层次服务。

美国图书馆学专家克劳福（Walt Crawford）与高曼（Michael Gorman）提出了新的“五法则”：

第一法则——图书馆服务全人类。

第二法则——图书馆尊重各类传播的知识。

第三法则——图书馆善用科技以加强服务。

第四法则——图书馆维护自由利用信息的权益。

第五法则——图书馆尊重过去，创造未来。

他们认为图书馆存在的价值与永恒任务是：收集、保存、组织并传播人类言行的知识与信息。服务仍是第一法则，即“图书馆服务个人、社区与社会”。[①]

图书馆员的专业性

不列颠图书馆（大英图书馆）文献提供中心的前身——英国国家科技外借图书馆的首任馆长厄克特（D.J. Urquhart）在《图书馆学原则》[②] 一书中，把图书馆为用户（服务）列为图书馆学 18 条原则之首位。由此可见，为读者（或用户）提供信息服务是图书馆员最重要、最基本的职责。那么，图书馆员作为一种专门职业，与其他职业有什么不同呢？这里我们不妨把图书馆员与其他职业进行一下比较。

首先，同样是和书打交道，图书馆员和书店营业员有什么不同呢？营业员为了更有效地销售图书，除了必须具备本行业的职业道德以外，还需要掌握各种有关图书知识、销售业务、顾客心理以及外语等方面的技能。现在大部分书店实行开架售书，使得读者可以自由选择、随意浏览，有的书店为了方便读者还提供阅览设施，如上海古籍书店于 1997 年推出一项便民服务，专门辟出一间阅览室，陈列各种古籍文献和字画，读者既可以坐下来阅读，

---

① 王梅玲等编. 21 世纪我国学术图书馆馆员应具备的知识与技能的研究. 台北：玄奘人文社会学院图书资讯学系，2001：11.

② Urquhart，D. J. The Principles of Librarianship. Metuchen：Scarecrow，1981：98.

又可以买回家去。这里既是书店，又成了图书馆，大大方便了读者。实际上，现在不少图书馆无论是在服务手段、还是在个人素质上，都难以与这些书店相比。

其次，同样是专业人员（professionals），图书馆员与律师和医生有什么不同呢？病人到医院是为了看医生，当事人到律师事务所是为了请律师，从汉语、英语及日语等语言中都能反映出“看医生”、“请律师”这些词汇。而事实上，读者到图书馆往往是为了看书，而很少听到有人说去找图书馆员的。医生给病人治病，律师为当事人辩护，同样是专业人员，医生和律师与图书馆员相比似乎更受人们尊敬一些，关键在于，他们能够给每一个不同的对象解决不同的问题。

上述两项比较从两个侧面提醒图书馆员：如果说图书馆员的责任只不过是提供几本书而已的话，那么图书馆员有时候还不如书店营业员；如果说图书馆员的服务仅仅停留在当“二传手”的话，那么图书馆员将永远得不到医生和律师那样的社会待遇。

有人把专门职业分为服务性职业（service profession）和非服务性职业（即学术研究性职业：academic profession）两种。图书馆员应该属于哪一种呢？从图书馆的传统技能和服务方式来看，图书馆员理所当然地被划在服务性职业里。但是，随着图书馆的外部环境、管理手段以及服务内容的变化，图书馆员的职责和技能也将适应新的发展需要。图书馆员一直是为他人做嫁衣的“二传手”，在后台默默无闻地为社会服务、为读者服务。我觉得从本质上来说，服务是图书馆的天职。所谓“人本位”、“读者本位”就是说明图书馆应该把服务放在第一位。但是，图书馆员是否应该满足于做“二传手”呢？

英国图书馆管理学家沃德（Patricia Ward）博士的一段话耐人寻味：从 20 世纪 90 年代中叶起，会出现一个人类价值回归的现象。当那些从事着自己并不喜欢的工作的人，在劳动力市场上越来越多时，就会产生希望提供更好的社区服务的需求。因此，公共图书馆很可能成为人们这一需求的焦点。公共图书馆为社区提供了继续教育和文化消遣的场所，它会把更多的人吸引进来，让他们阅读和学习。有些地方公共图书馆正在成为社区多媒体资源中心，这样就对图书馆员提出了更新更高的要求，既要重视人的价值、人的服务，还要有针对性地为个别读者提供个别服务。①

台湾玄奘人文社会学院图书资讯学系做了一项有关学术图书馆员应具备的知识与技能的研究调查，该调查请答卷者从列出的 48 项专业能力中勾选，最多以 15 项为限，结果排在前 15 项的是：

（1）熟谙资讯检索技巧与资料库利用，以提供资讯检索服务；

（2）熟悉与应用各类资讯资源，以提供参考服务；

（3）热忱服务与亲切态度；

（4）期刊管理；

（5）电子资源组织的利用、技术与应用；

（6）资讯服务与读者服务理论应用；

（7）图书馆自动化规划、系统选择与使用、管理与维护；

---

① 吴建中. 21 世纪图书馆展望. 上海：上海科学技术文献出版社，1996：139–140.

（8）了解使用者需求与资讯行为；

（9）配合使用者资讯需求，订定馆藏发展与管理政策；

（10）提供图书馆与资讯利用教育；

（11）弹性与积极工作态度；

（12）配合时代变迁，调整资讯服务；

（13）具备馆藏发展与管理理论实务；

（14）书目控制与叙述编目的理论、技术与应用；

（15）印刷资料、视听资料与电子资源的选择与征集。①

从该调研中我们可以看到，图书馆与用户的关系变得更为重要，以参考服务为主体的用户服务已经成为图书馆员重要的核心专业能力。

图书馆员面临着角色转换的问题。我们常常听到同行们抱怨图书馆没有受到社会应有的重视，或者图书馆员待遇太低之类的话。其实，我觉得最主要的是，我们没有作出成绩去引起人们的重视；如果说我们得到的反而是读者对我们的抱怨的话，那么就应该引起我们反思了。与医生和律师相比，图书馆员的社会地位和贡献确实有着明显的差距，这又能怪谁呢？读者带着各自的目的来到图书馆，有浏览资料的，有获取信息的，也有的是为了解决一两个问题而来的。如果读者的问题都不能得到解答，读者的需求都不能得到满足，那么我们还有什么理由要求社会给予我们应有的地位和待遇呢？

① 王梅玲等编．21世纪我国学术图书馆馆员应具备的知识与技能的研究．台北：玄奘人文社会学院图书资讯学系，2001: 171.

世纪之交，各种职业都在发生变化。医生在美国属于服务性职业，但美国人和日本人在这一问题上似乎有不同的看法。日本医生更希望成为博士，[①] 就是想不断地增添新的知识和技能，对学术研究作出贡献。[②] 图书馆员的角色也在转变。仓桥英逸认为，图书馆员将由信息处理者（producer）向在迅速发展的情报技术环境中具备有效利用情报资源能力的信息管理者（manager）转移。[③] 施雷廷格（M. Schrettinger，1772—1851）曾经指出，图书馆员不应该是所谓的文献通（literator），而是能将大量的图书和信息组织起来，进行有效管理的专家。[④] 我觉得，图书馆员也应该像医生和律师那样，设法解决读者提出的各种问题。今天，评价一个图书馆员是否称职，不是看他（她）提供了多少次服务，而应该看他（她）解决了多少问题。图书馆员只有努力改变自己的形象，成为名副其实的"知识导航员"、信息咨询专家，善于为读者解答各种各样的问题，才能真正得到社会的尊重。相应地，我们应该为图书馆员创造良好的服务和研究的环境，让他们从繁重的体力劳动和繁杂的事务操作中解放出来。如果图书馆把大量事务性和部分技术性工作委托给外部去完成的话，那么图书馆员就可以腾出更多的精力去从事深层次的参考咨询工作，去从事知识

---

① 博士和医生在英语中都叫做 Doctor.

② 小野泰博．图书和图书馆史（中文版）．北京：北京大学出版社，1988：233.

③ 倉橋英逸．人材の確保と育成の方法を求めて．日本図書館学会研究委員会編．図書館経営論の視座．東京：日外アソシエーツ，1994：25.

④ 高山正也．図書館経営論—その領域と特殊性．日本図書館学会研究委員会編．図書館経営論の視座．東京：日外アソシエーツ，1994：7.

组织、分析和综合的工作，只有这样，才能真正地改变图书馆员的形象，提高图书馆员的社会知名度。

随着信息通信技术的发展，人们获取信息的渠道越来越多，很多人不再把图书馆看作是自己研究和学习的主要入口，有人认为图书馆正在面临远离发现过程的去中介化（disintermediated from the discovery process）现象。① 谷歌（Google）或者亚马逊（Amazon）之所以更有吸引力，是由于这些网络巨头提供的查询与获取信息的方式迎合了用户的习惯。因此，图书馆员应正视这一挑战，把应对去中介化看做是一次重整旗鼓的机会，通过研究读者的阅读习惯、分析读者喜爱的信息技术和产品，走出一条知识服务的新路。总之，只有坚持核心价值，提升核心能力，才能留住读者，赢得更多人的尊重。

参考咨询

图书馆参考咨询工作的最早倡议者是美国伍斯特公共图书馆（Worcester Free Public Library）塞缪尔·格林（Samuel S. Green，1837—1918）馆长。在 1876 年发表的《图书馆员与读者的个人关系》一文中，格林阐述了图书馆为读者提供个别帮助的重要

① Norman Oder. Fourth survey by Ithaka may herald a speedier digital transition for libraries. *Library Journal*. 2012-03-18. http://www. libraryjournal. com/article/CA6725623. html.

性。[①]100 多年来，参考咨询服务在图书馆的地位不断上升，逐渐成为主流的、核心的业务活动。在美国有这样一种说法，即在图书馆服务所发挥的作用中，图书馆的建筑物占 5%，信息资料占 20%，而图书馆员占 75%。一个新的设施可以给人以一时的新鲜感，但是要使之常新，就需要有一种永久的吸引力，那就是高质量的管理和服务。图书馆员是为读者（包括潜在的读者群）提供经过整理、分析、综合的信息和知识，并利用各种有效手段为读者提供信息咨询服务的专业人员。

每一种职业都有其特有的职业精神。中国科学院文献情报中心“甘为人梯，敢为人先”的口号提得很好，我觉得图书馆员不仅要有一种甘为人梯、为他人做嫁衣的服务精神，也要有敢为天下先的勇气，善于利用现代信息技术和高科技手段，在信息管理、传递和服务领域，始终走在社会发展的前沿。图书馆员要走向社会，深入到各个领域，传播信息、传播知识，真正起到知识导航员的作用。

1996 年 11 月，我应邀在日本图书馆研究会成立 50 周年纪念大会上作演讲时，多次提到图书馆员应该成为咨询专家，好几位日本人的提问都集中在这个问题上，说明他们对这一提法很感兴趣。我还注意到该会会刊有几段对这次演讲的评论。日本国立国会图书馆图书馆学研究所中林隆明所长说：“（演讲者）论述了 21 世纪以人为本的参考功能的重要性，提出了图书馆员应成为具有专门知识

① 詹德优．二十世纪中国参考咨询服务：发展历程、成就与局限．高校图书馆工作，2000（1）：1–7.

的导航员和咨询专家，联系到国立国会图书馆关西分馆应有的研究开发功能，感触颇深。"① 据说在日本，尽管图书馆现代化程度很高，图书馆服务也很有生气，但基层公共图书馆的参考服务是比较薄弱的。有一位日本图书馆员在参观了美国公共图书馆以后感慨地说，日本的中小型公共图书馆只重视图书的收集，期刊尤其是报刊索引类工具书相当缺乏，因此根本谈不上什么参考咨询服务。②

美国的图书馆是很重视参考咨询工作的。纽约皇后区（Queens Borough）公共图书馆总馆设有信息、艺术和娱乐、小说、社会科学、商业科技、文学语言、历史旅游和传记、长岛研究、青少年以及儿童等9个咨询台，每个咨询台由1至2名受过专门训练的参考咨询馆员值班。每一个部门负责某些专题范围的书刊及参考书的采选。据统计，该皇后区公共图书馆系统（包括分馆）2012年度解答各类读者咨询达1 000万次。③ 据统计，20世纪末美国公共图书馆每年要解答3亿4千2百万个咨询问题。④ 根据美国图书馆协会2012年9月发布的资料，美国大学和公共图书馆的图书馆员每周回答660万个问题，一年总计为3亿4千3百20万个。⑤

赫尔辛基市图书馆有一个"信息加油站（iGS）"项目，它是一

---

① 中林隆明．創立50周年記念大会に参加して．図書館界，48（6）：497.

② 见1998-01-25. http://wolverine.p.u-tokyo.ac.jp/text/annarbor/annarbor.html.

③ Queens Library. Queens Library Annual Report 2012.［2013-10-04］. http://www.queenslibrary. org/about-us/annual-reports/annual-report-2012.

④ 竹内悊編集．図書館の目指すもの．日本図書館協会，1997：27.

⑤ American Library Association.Quotable facts about America's Libraries 2012.［2013-10-04］. http://www. ala. org/offices/sites/ala. org. offices/files/content/QF2012_annotatedFINAL_2. pdf.

个像流动图书馆一样的信息咨询台。iGS 设在车站、商场等公共场所，由图书馆员直接面对公众回答各种问题。就像汽车需要不断加油一样，在信息社会里人也需要不断“充电”，iGS 就是一项适应信息社会需要的图书馆流动咨询服务；赫尔辛基市图书馆常常把它设立在火车站内，与车站的信息台差不多，为旅客、行人提供更为宽泛的信息咨询服务。

我很欣赏英国图书馆管理学家沃德（Patricia Ward）这样一段话：像我这样利用过很多图书馆的读者来说，最希望看到的是，图书馆参考咨询台上坐着最合格的图书馆员。这种职业常常是由资格较老的人员担任，而并不一定由主题专家来担任，有知识的读者希望与有知识的图书馆员交谈。当前由于事务性处理业务的减少，曾经需要专家在后台进行的工作逐渐消失，要求图书馆业务骨干到前台来接近读者，让他们亲身体验外界的变化和需求，使读者服务比过去做得更加出色。[①]

在《资讯服务的范畴与趋势》一文中，梁朝云等从理论上系统地论述了新形势下参考服务的特点和方法问题。作者认为，传统的参考服务大多都是采取直接而权威式的指点方式，针对用户所提出的问题给予建议，或训练用户查找资料的方法。而以人为本的社会文化中，参考服务将强调馆员与用户之间的沟通，比如馆员与用户之间从过去医生对病人的关系转变为共同解决问题的伙伴关系。传统参考馆员所提供的都是一体适用的服务，但用户

① 吴建中. 21 世纪图书馆展望. 上海：上海科学技术文献出版社，1996：140.

各有其不同的生活背景、学术领域以及工作经验，一体适用的服务很难满足用户互异的资讯需求。因此，作者呼吁开发智慧型服务系统，以提高参考咨询服务的效率和质量。①

图书馆咨询服务主要在两个层面上进行：一是解答式服务，一是课题式服务。前者是图书馆基本的服务项目，各图书馆都会根据自己的特点和能力不同程度地开展一些参考咨询服务。但是，这种服务一般都是零星的、被动的，而且大部分都是一些口头咨询。不少图书馆都将一些常见的问题归纳成FAQs（Frequently Asked Questions），公布在阅览室或者网页上，供读者参考。课题式服务是较高层次的服务，图书馆员通过提供综述、述评、专题研究报告、动态分析、社会预测报告等三次文献服务，为各级政府部门、科研机构以及企业集团制订社会发展计划、确定科学研究课题、提出技术攻关方案等提供决策依据。

在国际上，国立以及研究性图书馆一般都有较大规模的咨询研究机构，提供高层次的情报研究服务。在我国，课题式情报研究服务过去在情报界比较突出。上海图书馆和上海科技情报研究所于1995年10月合并以后，加强了情报研究的力量。上海图书馆和上海科技情报研究所一方面承接来自政府和科研部门的研究项目，组织政府官员、科学家以及工程技术人员进行课题研究，为政府、科研机构提供决策咨询，如上海信息港工程建设的初步方案，当初就是由上海科技情报研究所的情报研究人员提供的；另一方面，为

① 梁朝云等．资讯服务的范畴与趋势．资讯传播与图书馆学，1996（3）：82.

社会各界，尤其是为企业、科研机构提供有偿服务，如提供信息查询、市场调研、外文翻译以及信息加工制作等服务。

1985 年访美时，位于华盛顿的国会图书馆和纽约市中心的联合国哈马舍尔德图书馆（Dag Hammarskjold Library）的参考咨询服务给我留下了深刻的印象。国会图书馆有一个部门叫做国会研究服务部（CRS），当时有 850 多名工作人员，其中有 600 多名都是律师、经济学家、政治学家、外交分析家以及工程技术人员等各科专家，他们为国会议员提供从一般查询到课题研究的各种信息咨询服务，每年要解答 30 万件左右的咨询。此外，他们还要编制《时事摘要》（*Issue Brief*）、《法案文摘》（*Bill Digest*）、《国会主要立法月刊》（*Major Legislation of Congress*）以及《国会研究服务部评论》（*CRS Review*）等刊物。在联合国哈马舍尔德图书馆入口处的咨询台，坐着几位图书馆员，在外交官或各国官员进入图书馆之前向他们提供各种咨询服务。这些图书馆员除了解答问题以外，还要根据自己的分工浏览各种联合国文件和图书资料。我发现在他们的身后都有一些频繁使用的工具书和自己做的各种档案和记录。他们的服务对象都是外交官或政府要员，来不得半点马虎，所以对待每一件咨询都是非常认真、一丝不苟的。20 世纪 80 年代国内同行出国考察往往都把目光瞄准国外图书馆的现代化和自动化方面，对美国同行说的读者本位的服务观念还缺乏足够的认识。那次访美确实对我触动很大，我觉得国内外图书馆之间的差距主要还是在对图书馆专业性的认识上，那时候我才真正理解为什么在美国只有获得硕士学位以上的人才能获得图书馆员的专业资格。没有高层次的研究人员，图书馆就不可能提供高质量、高水平的咨询服务。

虚拟参考服务

虚拟参考服务是在信息通信技术的推动下发展起来的图书馆参考咨询服务。根据2004年美国图书馆协会咨询与读者服务协会（RUSA）的定义，虚拟参考服务是"一种网上及电子服务，通常是在线交谈；信息使用者通过电脑或其他网上技术同咨询人员进行交谈。虚拟参考服务通常使用的工具包括网上聊天、电视会议、网络电话（VoIP）、共同浏览、电子邮件和在线交谈。[①]

20世纪末，美国图书馆界尝试在网络上开展参考服务，其中影响最大的是1998年由美国教育部资助的虚拟参考台（Virtual Reference Desk，VRD）。从通过电子邮件回答问题到网上实时回答问题是一大飞跃。1999年9月，全美只有5家图书馆开展实时的虚拟参考服务；而到2001年的3月，全世界开展这一服务的图书馆已经有200多家。虚拟参考服务如雨后春笋般地迅速发展起来，

① Reference User Services Association. Guidelines for implementing and maintaining virtual reference services. [2007-09-26]. http://www.ala.org/ala/rusa/rusaprotools/referenceguide/virtrefguidelines.htm.

说明这一服务代表了现代图书馆发展的潮流。[①]

2000年初，美国国会图书馆与其他16家图书馆合作开发了CDRS（Collaborative Digital Reference Service），旨在推动图书馆之间虚拟参考服务的合作，实现数字资源和智力资源的共享。[②]2001年，美国国会图书馆与OCLC签订合作协议，对CDRS系统进行升级，增加知识库管理的功能。2002年又签署了第二个合作协议，开发实时咨询功能，该系统被命名为QuestionPoint。作为国际图书馆界领头羊的国会图书馆的牵头以及OCLC在现代技术和资金上的有力支撑，虚拟参考服务体系不断发展壮大，逐渐担负起领导网上参考服务的重要角色。2011年1月QuestionPoint与美国图书馆协会商讨提供全国性虚拟参考服务（National Ask A Librarian），以谋求更大范围的发展空间。根据QuestionPoint于2012年3月网站发布的数据，该系统有33个国家的526家图书馆参与，可回答47种语言的问题，从2002年起已通过图书馆回答了328万人次的问题等。[③]目前，QuestionPoint由OCLC负责维护和更新。

互联网公共图书馆（Internet Public Library，IPL）的“问IPL2馆员”在虚拟参考领域有较高的知名度。互联网公共图书馆是由美国密歇根大学（University of Michigan）信息管理学院的教师及

① Steve. Coffman We'll Take It from Here：Developments We'd Like to See in Virtual Reference Software. 2001-09-15. http://www.lita.org/ital/2003_coffman.html.

② Barbara Quint. QuestionPoint Marks New Era in Virtual Reference. Information Today.［2010-02-18］. http://newsbreaks.infotoday.com/nbreader.asp?ArticleID=17160.

③ QuestionPoint. Monthly Report for November 2011.［2012-03-18］. http://questionpoint.blogs.com/questionpoint_247_referen/2012/02/index.html.

该校的图书馆员于1995年开发的基于Web技术的数字图书馆；其后德雷塞尔大学（Drexel University）、佛罗里达州立大学（Florida State University）等加盟，与密歇根大学组成大学联盟共同开发和维护该数字图书馆。自1999年始，互联网公共图书馆已发展成为一个“主要以虚拟服务为特征”的数字化图书馆。[①] 2007年1月，互联网公共图书馆由德雷塞尔大学负责管理，在与加州的图书馆员互联网索引（Librarians' Internet Index）合并之后，变成了IPL2，继续其以虚拟服务为重点的业务。到2011年4月，IPL2已经回答了10万个问题。英国虚拟参考服务也比较普遍，据2008年至2009年英国研究图书馆的一项调查，25%开展了虚拟参考服务，另有54%正在考虑开展这一服务。[②]

在我国，数字参考服务处于发展阶段，大学图书馆系统的CALIS分布式联合虚拟参考咨询系统（DCVRS）、国家科学数字图书馆（CSDL）网络参考咨询服务系统、上海网上联合知识导航站、广东省合作数字参考服务系统以及全国性的全国图书馆参考咨询协作网在数字参考服务方面都有较大起色。

虚拟参考服务的发展面临诸多挑战。首先，虚拟参考服务需要技术创新。虚拟参考咨询基本上还处于单向交流为主的传统阶段，开展交谈型咨询的不多，在社交网络和移动通信工具比较普及

① 刘燕权，李乾，池煜．互联网公共图书馆——美国互联网公共图书馆项目评析．数字图书馆论坛，2010（5）：63-68.

② Barry，E.，et al. Virtual Reference in UK academic libraries：The virtual enquiry project 2008-2009. Library Review，59（1）：40-55.

的今天，虚拟参考咨询的方法需要与时俱进。QuestionPoint 开发了 Qwidget 的小插件，更方便了虚拟参考咨询在互联网和移动互联网的应用。其次，虚拟参考服务需要业务创新。目前，虚拟参考服务基本上延续传统参考服务的方式，只不过将这种服务放在网上而已。而且应答方式也比较简单，缺乏交流、讨论的氛围。第三，虚拟参考服务需要观念创新，要树立以人为本的意识，将数字参考服务看做是以人为中介的人性化服务（human-intermediated assistance）。① 有专家建议从过度以技术为导向，回归到图书馆服务社会的常轨上。②

推动同步

现有的参考咨询模式是一种单向传播的模式，一个问题可以有多个答案，而我们提供的仅仅是图书馆员一个方面的参考意见，这种单方面的有时甚至是强加给读者的回答方式已经明显地过时了。所以在世纪之交的十多年里国际上普遍出现了参考咨询量下降的趋势。根据《大学与研究图书馆协会 2008 年学术图书馆趋势》报告，从 1998 年至 2008 年，参考咨询数量呈明显的下降趋

① 根据 M. Gross 等的定义，虚拟参考服务是通过网络提供给用户的以人为中介者的服务. 转引自：吴美美. 朝向小众化与专业化的虚拟参考服务. 台湾图书馆管理季刊. 4（4）：9–23.

② 吴美美. 朝向小众化与专业化的虚拟参考服务. 台湾图书馆管理季刊. 4（4）：9–23.

势，而且读者层次越高，下降趋势越明显，如美国大学图书馆平均每周提问数本科生从1998年的184件到2008年的146件，减少得不多，为21%；而博士生从1998年的2 031件一下子跌到2008年的592件，下降了71%。①

参考咨询业务出现低迷现象，不仅与网络智能型和社会化问答系统发达有关，更重要的是与传统参考业务过于单调和缺乏互动有关。OCLC在2011年底发布题为《推动同步：虚拟参考的启示与建议》的报告，提醒业界转变观念，将reference（参考）的"R"与relationship（关联）的"R"同步起来。作者之所以用"同步"这个词，强调的是虚拟参考服务中要把与读者之间的"关系"放在重要位置上。有学者认为，每一讯息都包含了两个维度，一是内容的维度，一是关系的维度。② 图书馆员以前往往比较关注内容，而读者更加关注你对他（她）的态度。包括虚拟参考服务在内的整个图书馆参考服务之所以在走下坡路，是因为图书馆员很少在乎读者的感受和接受程度，一方面给人居高临下的感觉，一方面又缺乏与读者的互动。在广袤无际的互联世界里，图书馆占有的空间其实很小，但仔细观察一下，那些互联网巨头缺乏的正是图书馆员与读者之间具体、细微的交流，那么为什么图书馆员不能把自己的优势更好地发挥出来呢？很多人需要

---

① Education Advisory Board. Redefining the Academic Library：Managing the Migration to Digital Information Services. [2013-09-07]. http://www.fullerton.edu/senate/meetings/retreat/Redefining%20the%20Academic%20Library%20-%20Matthew%20Pellish%20CSU%20Fullerton%208-16-11，%2051%20pgs.pdf.

② Watzlawick，P.，Beavin，J.，& Jackson，D. D. Pragmatics of human communication. NY：Norton，1967.

图书馆员的帮助，因为图书馆员具有良好的参考能力。我在《每个人都是一座图书馆》一文中摘引过路易斯·肖（Louis Shores）的一句名言，就是“具备了参考的能力，就等于掌握了人生所需知识的一半”。[①] 所以图书馆员要充分地将自己的优势发挥出来，用朋友般的态度和互动交流的方式，更好地做好参考咨询服务。

图书馆参考咨询的要义就是将内容提供与感情交流同步起来。《推动同步：虚拟参考的启示与建议》一书强调，今天读者找图书馆并不是为了要求解答一两个问题，而是在长远的人生信息搜寻旅途中渴望合作和得到指引。把虚拟参考转变成相互合作，将使得图书馆员能够以更亲切、更对等的姿态参与到读者的信息空间中。因此，如何提升图书馆员的信息咨询能力和质量，是摆在图书馆界面前的重要课题。我们要以合作者的姿态，参与到用户解决问题的过程之中，注重让信息在开放中不断增值。

从一般参考服务到深度参与型参考服务

在本书前两版中，讲述了图书馆服务的重心要从一般服务向参考服务转移。今天，我们再进一步，将一般参考咨询服务向深度参与型

① 吴建中．每个人都是一座图书馆．解放日报，2007-09-12.

参考咨询服务延伸。

所谓进一步延伸，就是将图书馆服务的价值链延长。以前我们满足于提供信息，一旦信息或者咨询报告到了用户手上，图书馆员的任务就算完成了。至于用户有没有采纳，我们无须关心。现在我们要以合作的姿态参与到用户解决问题的过程之中。

深度参与型参考咨询，或称全过程参考咨询，就是参与到用户解决问题过程之中的研究性服务，这一服务强调的是与读者或用户互动，在参与中发现问题、解决问题。

从一般服务到参考咨询服务是一次飞跃，从一般参考咨询服务到深度参与型参考咨询服务又是一次新的飞跃。也许有人会说，这已经超越了图书馆工作的范围，但我认为，图书馆、尤其是研究型图书馆应发挥自己的专业优势，在社会合作与参与中充分展现自己的价值。为此，我们必须重新思考图书馆的社会价值。

在由联合国经社部、国际展览局和上海市政府联合编撰的《上海手册》中，收录了上海图书馆为城市发展提供信息和咨询的案例。这篇案例报告不是上海图书馆写的，而是由国际展览局的专家写的。该案例不仅确认了上海图书馆为上海世博会的成功举办做出的贡献，而且也肯定了上海图书馆在城市发展中扮演的智力支撑的角色。在上海世博会筹办和举办期间，上海图书馆不仅提供了大量世博信息、组织了百场世博讲座、编撰了十多种世博图书，而且更重要的是，参与到上海世博会主题演绎的过程之中，参与到场馆和论坛策划的过程之中，甚至参与到《上海宣言》和《上海手册》写作的过程之中。今后上海图书馆将在此基础上，以更加积极主动的姿态，参与到城市创新和转型的发展进程。

深度参与不仅仅体现在参考咨询上，而且还体现在数字服务上，比如很多图书馆都开展了数字人文（digital humanities）研究，所谓数字人文研究强调的就是图书馆员与人文研究者在数字化研究与服务中携起手来。从过去的支持性服务，到现在的参与性服务也是一个飞跃，它体现出图书馆不再只是研究的旁观者，而是研究的参与者与合作者。上海图书馆由于与上海科技情报研究所合并，这些年来在研究方面有了进一步的提升。不仅有一批能参与科研合作的人才，而且在科研合作中又带出了一批人才，由此良性循环，形成了自己的核心业务和核心能力。因此，图书馆在深度参与社会发展的同时，也进一步拓展了自己的空间，提升了自己的能力。

企业情报服务

信息技术与技术创新是成正比的关系。创新离不开信息技术的支持，信息化已经成为推进企业创新的强大动力。根据来自金融业的数据，95%的金融创新的实现都是来自信息技术。有专家认为，在中国国内的金融创新100%都是信息技术创新带来的。[①] 发达国

① CECA国家信息化测评中心．2007年中国企业信息化500强调查报告．中国经济周刊，2008-03-23．http://business.sohu.com/20080323/n255865935.shtml.

家近几年经济飞速发展的经验表明，企业竞争力的提高不是靠做大（规模），而是靠做好（生产率）。单靠资本扩张和规模效应不仅难以提高增长速度，而且还会带来通货膨胀、资源浪费等社会问题。只有靠技术创新来发展生产，才能真正提高企业的竞争力。

信息服务与生产率也是成正比的关系。20世纪90年代，不少图书馆学情报学专家就已经把注意力放在信息与生产率之间的关系以及信息服务的价值和效益上。他们把企业以及企业图书馆作为研究信息效益与价值的突破口，如凯尼戈（M. Koenig）在美国制药工业领域、奥本（C.Orpen）在电子学和仪器制造领域对信息服务与生产率之间的关系的调研，都证明了信息服务与生产率之间的关系是一种成正比的、积极的关系，生产率高、效益好的企业往往都比较重视信息或信息服务。[①] 一些后来成为著名知识管理学家的人中有些是研究图书馆学情报学的，如普鲁萨克（L. Prusak）就担任过美国西蒙斯学院图书馆学访问教授。早在1993年，著名知识管理学家普鲁萨克（L. Prusak）和达文波特（T. H. Davenport）合写了一篇论文，题目是《猛击企业图书馆》（*Blow up the Corporate Library*），在文章中提出企业图书馆应该放弃“仓库”模式，建设适应企业发展需要的“专家中心”和“网络”，并指出图书馆员和情报工作者“应该意识到人——不是印刷资源或电子资源——是任何组织最有价值的资产”。[②] 当时，大部分企业的图书馆仍承袭传统

---

① 吴建中. 21世纪图书馆展望. 上海：上海科学技术文献出版社，1996：57.

② T.H. Davenport，L. Prusak. Blow up the Corporate Library. International Journal of Information Management，1993, 13（6）：405-412.

的管理手段，当企业需要通过知识这一新的资本来提高产业竞争力的时候，这些企业图书馆并没有发挥其应有的作用。

在知识经济时代，信息资源成为一种重要的战略资源，企业发展有赖于信息的支撑。但信息需求是需要激活的。据上海图书馆参与的市科委“专利二次开发”项目的调查，在专项实施前，仅 40% 的企业将“文献分析”视为主要信息源泉；而在专项实施后，这一数字超过 75%。也就是说，更多的企业开始意识到情报以及情报分析的重要性。

图书馆要为企业创新提供信息支撑。2006 年上海财经大学启动 500 强研究项目，并在该校图书馆设立了 500 强企业文献资料特藏

图 3–1　上海财经大学 500 强企业文献资料特藏馆

馆。特藏馆为上榜企业设立档案库，资料涵盖与企业有关的学术论文、媒体报道、统计数据、上市资料等方面。截至2012年底，500强企业文献资料特藏馆已积累并网上提供了40万条数据记录，整理汇编了3 000余册企业专题文集，已与3家企业建立内部出版物定向捐赠关系，现收藏其珍贵内部资料16种，其中包括上汽集团2种，宝钢集团4种及山西国新能源发展集团10种；跟踪收集260家企业的掌门人档案数据。

图书馆也要为中小企业提供信息服务。上海图书馆于2009年5月推出“创之源”中小企业信息服务，并建立了“创之源@上图”专题网站。近年来，“创之源”为中小企业提供文献推送、资料翻译、媒体监测、企业咨询、企业培训、专题讲座、行业研究、水平认定、市场调研等资源与服务，深受中小企业家的好评，2011年被上海市经济与信息委员会授予首批上海市中小企业公共服务示范平台之一。

目前，我国企业情报研究与服务主要由各级各类科技情报部门承担，近年来中国科技信息研究所以及各省市科技情报机构在推进竞争情报、企业情报服务方面扮演了重要的角色。但是科技情报行业与图书馆行业之间的联系和交流不够紧密。从图书馆系统来讲，一讲到科研，就是科研系统图书馆；一讲到企业，就是工会系统图书馆，而兼有情报研究与图书馆服务的企业图书馆往往处于两个行业的夹缝之中。随着企业信息化程度的不断增强、企业文化需求的不断提升，企业图书馆的理论与实践必然会得到应有的重视。

职业资格制度

在欧美，图书馆员被列为与律师、会计师和医生等同等的专业人员。要成为图书馆专业人员，必须在经图书馆协会认可的图书馆学院或图书情报学院修满一定的学分，然后才能获得职业资格。在美国，职业资格的要求很高，获得这一资格的基本条件是具有图书馆学或情报学硕士学位。可以说，在欧美，图书馆员作为从事社会性知识专业的人员，有着稳固的社会地位。但是在亚洲以及其他一些国家，图书馆员的地位相对来说还比较低。在日本，尽管1953年颁布的《图书馆法》早已确定了图书馆员的专业地位，但是在具体实践中还有很大一段距离。该法只适用于公共图书馆，大学、中小学图书馆往往是参照公共图书馆的做法，实际上专业人员在图书馆职工中所占的比例是不高的，据日本图书馆协会的调查，近一半在大学图书馆工作的人员没有图书馆学或情报学的背景知识。[①] 而且，即使在公共图书馆，还有不少地方实际上并没有重视图书馆员的专业地位。比如，1996年东京都辖内的23个区政府一致要求取消图书馆长的专业任职资格，成为日本图书馆界该年度10大新闻

① JLA Library Investigation Committee. Lending increases while staff decreases（in Japanese）. Library Journal，90（12）：1012-1013.

之一。在23个区中，具有图书馆员专业资格的馆长已经不足10%，而且图书馆员在正规职员中所占的比例还要减到四分之一。[①] 近年来日本图书馆界随着PFI以及指定管理者制度的不断推进，图书馆员的职业制度面临更为严峻的挑战。

在韩国，尽管公共图书馆员属于公务员，但是仍有许多图书馆馆长不是专业人员。而且，公务员等级分成9等，图书馆员只能套4至9等，馆长只能达到公务员的中级水平。因此，韩国的图书馆人员也有向效益好的企业或外资机构跳槽的现象。[②]

严格说来，尽管改革开放以来我国的图书馆事业有了飞速的发展，但图书馆员的职业资格制度还没有真正形成。虽然图书馆工作者有统一的技术职称：管理员、助理馆员、馆员、副研究馆员和研究馆员，但是从事图书馆专业工作不需要任何资格，更谈不上准入制度。实际上在从事图书馆专业活动的人员中，仍有一部分连大学文凭都没有。没有一定的制度和规范，图书馆的业务和服务水平就得不到保障。在2002年9月中国图书馆学会成都年会上，有代表呼吁建立图书馆员职业资格制度，规范专业人员的考核和评价体系，引起大多数与会代表的共鸣。大家已经开始意识到，建立图书馆员职业资格制度，不仅可以提高图书馆的人才素质、提高图书馆的服务水平，而且可以激励和推动图情专业教育行业的发展。

图书馆员为什么也要强调核心价值和核心能力呢？社会上很

---

① 川岛勉．司書の運命．図書館雑誌，91（8）：629.

② Y. Lee. Reborn through continuing education in the case of Korea.［Paper presented at the 62nd IFLA General Conference，Beijing（109-CPERT-2-E）］.

多人都在从事信息中介。如数字化服务或搜寻服务，除了图书馆以外，出版商在做，代理商也在做。图书馆与它们之间有什么区别呢？具体到电子书服务，出版商、代理商尽管也要以读者第一为导向，但必须要考虑商业利益，否则就无法持续生存下去；而图书馆要考虑的是如何为读者提供免费或低成本的借阅服务，因为提供免费和公平服务是图书馆员的核心价值之一。价值观把这些相近的职业细分开来了。所以图书馆员做图书馆与谷歌做图书馆是不一样的，谷歌做得再好，它也是有功利目的的。如果每一个图书馆员都能充分认识到自己的核心价值和使命的话，那么不用平时去督促或开导，他们都会自觉地以职业精神和职业灵感从事好这一服务，这就是文化自觉，图书馆员的核心价值和核心能力就是建立在这样的文化自觉基础上的。

第四章

收藏：

向各种文明记录及其载体延伸

图书馆也好，藏书楼也好，顾名思义，都是收藏图书的地方。我们一般把信息资料分成两大类：印刷型资料和非印刷型资料。迄今为止，图书馆收藏的资料仍然是以图书、期刊等印刷型资料为主体的。随着现代科学技术的发展，新的载体不断涌现，有视听资料、缩微资料、电子以及数字资料等，今后还可能有新的载体出现。图书馆藏品的结构正在发生重大的变化，新载体所占的比例不断上升，一些现代化程度比较高的图书馆，新载体已经成为信息源的主体。图书馆藏品的范围正在不断地延伸，不仅有各种形式的文字记录，也有各种实物或博物资料，如地图、工程图、照片、广告、明信片、月份牌、书画、年画、挂历、香烟牌子、邮票、钱币、奖章、手工艺品、模型、玩具、地球仪、乐谱、服装、玻璃器皿以及陶瓷等。新出现的载体还包括语音图书、电子图书、计算机游戏等。图书馆资料的定义越来越模糊，收藏的范围越来越广泛，图书馆在很多方面已经兼有博物馆、美术馆、纪念馆的功能。总而言之，凡是与人类文明有关的一切记录及其载体都可以纳入图书馆藏品的范围。进入21世纪，图书、期刊等印刷品资料可能不再是图书馆资料的主体，新的载体将大量涌向图书馆，如过去往往不被人们重视的电视节目，今后也将成为图书馆重要的信息资源。在信息爆炸的今天，如何有序地组织、管理好除印刷型资料以外的新的信息资源，是摆在我们面前的重要课题。

关于无纸化社会的神话

加拿大一大学图书馆的馆长伯德萨尔（W. F. Birdsall）撰写的《电子图书馆的神话》一书，[①] 在未来图书馆研究领域中独树一帜。作者并没有像其他未来研究学者或预言家那样，把目光集中在令人眼花缭乱的技术或推理上，而是引导人们冷静地理性地思考现代技术环境下图书馆的社会作用问题。针对人们对电子图书馆的盲目崇拜和模糊认识，作者提出了一些令人深思的问题。他认为图书馆具有永恒的社会意义，对图书馆的理解不能局限在对其固有的信息处理和传递的功能的认识上，图书馆作为设施和建筑还具有文化“象征”的作用。

以英裔美国情报学家兰开斯特（F.W. Lancaster）为代表的一批著名图书馆未来学者曾预言，到 20 世纪末，人类将进入一个无纸化社会。加拿大未来学家奥格登（F. W. Ogden）在《航行在电子计算机的空间》一书里，推断“下一世纪的图书馆将不需要有形场所”；在早先的另一本书里，他直言不讳地宣告“古腾堡风格的出版物——印本书——都要毁灭”。[②] 显然，在他们的眼里，未来是一个无纸化的电子世界，传统图书馆将走向消亡。这种观点在图书馆情

① 黄纯元．关于《电子图书馆的神话》．图书馆杂志，1997（6）：29–31.

② L. 帕瑞．议会图书馆之间未来地区性与全球性合作．跨世纪的图书情报之窗．上海：上海市图书馆学会，1977：50.

报界影响甚广。而伯德萨尔的著作之所以能够在图书馆情报界引起共鸣，一方面是因为人们对那些只重图书馆技术和功能的偏激的技术至上主义的观点产生了厌烦情绪；另一方面作者从理论上重申了图书馆的社会文化功能，使长期在第一线工作的图书馆员对自己所从事的职业的社会价值和使命感加深了认识、增强了信心。国际图联前秘书长福赫特（Leo Voogt）说得好，“虽然图书馆员还没有明确的发展战略，但有一点是清楚的：那些预言图书馆在后印刷时代将严重衰落的人错了”。“未来图书馆将是一个混合体，同时包含数字化和书本化藏品，这一点是毋庸置疑的。虽然有些图书馆的领导展望的是没有围墙的数字图书馆，但图书馆建筑将仍然发挥作用。特别是公共图书馆将显示越来越大的社会价值。图书馆将被作为很好的聚会场所，作为社区跨越种族和语言障碍的融合者，成为社区的信息中心，受到社会广泛的尊重和信任”。①

我自己不仅有这样的感受，而且也亲身经历了在国际研讨会上人们对这一问题的争论。在 1997 年 8 月荷兰海牙召开的第 10 届国际图书馆建筑研讨会上，与会代表对智能化图书馆建筑的概念进行了热烈的讨论。研讨会的主题是“智能化图书馆建筑”，但有不少人对过分地渲染智能化和机械化非常反感，提出了不同看法。为大会作基调报告的福克纳-布朗（H. Fulkner-Brown）在演讲一开始时，也很坦率地表明自己不同意关于智能化图书馆建筑

① 福赫特．目前世界上对电子、印刷出版物及大型图书馆建筑的一些看法．图书馆杂志，1977（2）：42.

的提法。当有人提出在网络化和电子化环境下，图书馆建筑已经变得越来越不重要的问题时，不仅主讲人不同意这样的观点，听众也参与反驳，大多数代表都认为这是比较幼稚的想法。大家对现代技术抱着冷静和理智的态度，普遍认为自动化只是手段而不是目的。未来图书馆不是由机器堆积起来的硬性建筑，而是使读者感到温馨的知识乐园。

今天已经很少有人怀疑图书馆存在的必要性了。连兰开斯特本人也不得不说，我不过是将电子化的未来作一描绘而已，这并不意味着我认可这一未来或者热切期待着这一天早日到来。[①] 显然，那种认为图书馆将走向消亡的观点已经成为过去，正在占上风的是这样一种观念：信息贮存与传递的新系统和新载体并没有取代原有的系统和载体，而是成为一种补充。载体的多样化为信息的贮存和传递带来了活力，通过对新系统和新载体的掌握和运用，知识和信息的交流将变得更加方便、更有效率。

印刷型出版物会消失吗？

众所周知，视听资源和缩微资源从一开始是作为印刷物的补充

① 沈宝环．21世纪资讯社会即将来临，图书馆事业何去何从？资讯传播与图书馆学，4（4）：21-34.

载体出现的，其数量再大、内容再丰富，也没有对印刷资源构成威胁。而电子资源由于其制作和传播的特殊性，正在以几何级的速度迅猛发展起来。应该说，图书馆从非印刷资源出现开始，就注意收集并处理这些资源，使它们成为馆藏的一个部分。欧美的图书馆从数十年前就注重收集非印刷型资料，如胶卷、音乐唱片、缩微资料以及其他载体的资料。现代图书馆的藏品是由各种载体的信息或知识资源组成的，有印刷资料、电子资料以及多媒体资料等各种丰富的混合体，每一种载体都有其存在和利用的价值。

美国图书馆学者高曼（M.Gorman）举出下列10种常用的利用图书馆资源的方式：[①]

（1）查阅图书或杂志的某一页；

（2）用传真、复制、打印等方式阅读杂志论文；

（3）利用网络上的各种多媒体信息源；

（4）把图书馆的书借回家阅读；

（5）用联机的方式浏览杂志的全文；

（6）看录像或VCD；

（7）研究地图、政府出版物、手稿、照片以及其他特藏资料；

（8）听音乐或研究音乐；

（9）利用本图书馆开发的电子信息；

（10）检索局域网上的光盘资料。

---

① M. ゴーマン．アメリカ合衆国における大學図書館：個人的見解．同志社大學図書館学年報，1997（23）：6.

以上是20世纪末美国读者使用图书馆的理由。进入21世纪，随着图书馆功能的拓展和技术的发展，读者使用图书馆有什么变化呢？皮尤研究中心（Pew Research Center）于2012年10月15日至11月10日对2 252个16岁以上的成年人做了一个图书馆利用状况调查。从美国人这一年里使用图书馆的现状，可以看出其使用图书馆的理由。①

以下事项按使用频率排列：

（1）借纸质书；

（2）浏览书架上的图书或其他载体资料；

（3）研究感兴趣的主题；

（4）获得图书馆员的帮助；

（5）坐下来阅读、学习或收看视频；

（6）使用研究数据库；

（7）参加、带孩子听课或参加各类适合于儿童的活动；

（8）借电影、电视节目的DVD或磁带；

（9）阅读、外借纸质期刊或报纸；

（10）参加小组的会议；

（11）听专为成人的课程、讲座或活动；

（12）外借或下载有声读物；

（13）外借音乐CD。

① Pew Internet. Library Services in the Digital Age.［2013-10-04］. http://libraries.pewinternet.org/2013/01/22/part-2-what-people-do-at-libraries-and-library-websites/.

表 1　美国读者图书馆利用状况调查

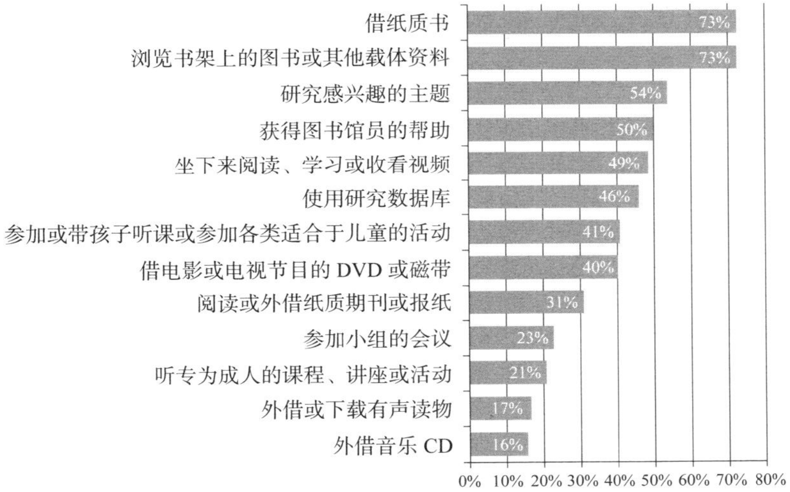

皮尤研究中心 (Pew Research Center) 于 2012 年 10 月 15 日至 11 月 10 日对 2 252 个 16 岁以上的成年人做的一个图书馆利用状况调查结果。

实际上，在美国电子书的使用相当普遍。根据美国图书馆协会的调查，2012 年有 76.3% 的图书馆提供了电子书；[①] 而到了 2015 年，这一数字已经达到 94%。[②] 但是，正像 OCLC 在 2005 年出版的《对图书馆和信息资源的认知》(*Perceptions of*

① American Library Association. Quotable facts about America's Libraries 2012. [2013-10-04]. http://www.ala.org/offices/sites/ala. org. offices/files/content/QF2012_annotatedFINAL_2. pdf.

② 電子書籍を提供している公共図書館は 94%（米国）：Library Journal 誌と School Library Journal 誌による共同調査より. [2015-10-29]. http://current.ndl.go.jp/node/29811.

Libraries and Information Resources）所指出的，当问及今日图书馆在人们心目中的形象时，70% 被访者认为是“图书”。甚至在大学图书馆里，无论是教师或学生，来图书馆的主要目的还是看纸质图书。清华大学图书馆在 2007 年对 2 735 位师生作了一次调查，当问及到图书馆的主要目的时，排在第一位的是借阅图书，教师组是 93.59%，研究生组是 97.78%，大学生组是 97.30%；排在第二位的是查阅期刊，教师组和研究生组分别是 56.84% 和 48.93%，大学生组排在第二和第三位的竟是上自习（68.21%）和休闲阅读（28.41%），而查阅期刊（18.97%）排在第四位。[①] 即使在高度现代化的大学图书馆里，读者的实际利用还是以印刷型资料为主体。也许这种状况会持续很长一段时间，这也是人们的阅读习惯和图书馆的客观现实所决定的。

虽然数字资源飞速增长，但保存的问题在现阶段仍没有得到根本解决。这里存在两个问题：一是保存条件尚未成熟，一是数字资源大量、持续消失。

1998 年，黄宗忠教授运用大量事实和数据，对电子出版物的局限性与脆弱性，如数字化信息载体的保存时间、安全性、失真性、内容还原以及版权等问题，作了深层次的研究和分析。

他认为，数字化资源的局限性主要表现在：

① 杨毅等．清华大学图书馆读者利用图书馆行为方式的调查．高校图书馆用户行为分析专刊．数字图书馆论坛，2009（1）：11-12.

（1）数字化信息存贮载体寿命有限：它依赖于其物理存贮载体的寿命；

（2）数字化信息在保存上存在不安全因素：离开了特定的软件和硬件，信息将无法解读；

（3）数字化方式存贮下来的软件，今后难以找到与它相匹配的合适的计算机；

（4）图书或文件转换成数字化形式后，很难保证能够保留原汁原味；

（5）数字化方式存贮起来的信息往往是不能直接阅读的，必须借助于一定的装置才能阅读；

（6）数字化信息极易受到外力的干扰和破坏，计算机病毒、磁场、电磁脉冲等对数字化信息和计算机系统的破坏程度，并不亚于一把火把传统图书馆化为灰烬；

（7）由于人们对数字化信息过于信赖，也会使人类几千年来好不容易获得和积累的知识变得更易失去，而技术手段的过时也是一个潜在的危险因素；

（8）数字化信息在管理上还存在很多尚未解决的问题，如相容性、技术性和版权问题等。

黄宗忠对数字化资源的局限性作了全面的归纳。他所指出的这些问题现在依然存在，而且图书馆正面临保存数字化资源的困境。黄宗忠在论文里引用了美国国家档案馆负责永久保存有价值政府文献的黑特尔（P. Hettel）的话：“我们不太放心那些电子媒体，尤其是长期保存方面，它们存在很多问题。”该馆电子出版物中心负责人干脆说："我们根本不接受图像型的文档资料，因为其中存在着许多问题，如相容性、技术性和版权等问题。"[①]

黄宗忠提醒我们不要被信息热和电子化浪潮冲昏了头脑，而是要面对现实，对图书馆未来的发展作冷静、客观、理智的思考。针对上述问题，黄宗忠的答案是令人信服的：21 世纪的图书馆是虚拟图书馆与传统图书馆互为结合的混合体。这种模式包括电子图书和印刷型图书、缩微型图书、视听型资料的共存互补。[②]在 1998 年出版的《图书馆的未来》（网络版）[③] 一文中，格里菲斯（V. Griffith）也强调，未来的图书馆是建立在混合媒体基础之上的。

印刷型出版物是否会消失？答案是否定的，它在整个信息资源的占比会逐渐减少，但在相当长的时间里，它会继续存在，如同手稿及其他非书资料与印刷型资料在图书馆长期并存一样，印刷型资源与数字资源也将长期并存。

21 世纪印刷型资源不会消亡，但纸张和印刷的质量将更富有魅力，而且更易于长期保存；而非印刷资源将以其更经济、更及时而且更吸引人的优势成为信息社会的主流资源。

---

①，②［Z］黄宗忠．论 21 世纪的虚拟图书馆与传统图书馆．图书馆理论与实践，1998（[illegible]）：7.

③ V. Griffith. 图书馆的未来 . 1998-04-11. http://www.bbc.co.uk/education/library/future.htm.

数字化是方向

我们正进入一个数字化的时代，数字资源呈几何级增长。美国国会图书馆劳拉·坎贝尔（Laura Campbell）估算，每15分钟创造出的信息数量相当于国会图书馆目前保存的所有数据和信息的总和。①

从最近20年电子出版物销售占整个图书市场的比重可以看出，数字化正呈迅猛发展趋势。

1995年全球图书营业额达720亿美元，1990年至1995年世界图书的销售量增长24%。尽管电子出版物发展迅速，1995年增长30%，但其销售额仅占3.5%。②而电子出版物的销量增长迅速。根据美国图书工业研究会（BookStats）2013年的统计，美国2012年电子书销售总额为30.42亿美元，比2011年增长44%，占2012年全美图书出版总额（150.49亿美元）的20%左右。普华永道（PWC）也有相似的统计，但由于美国图书工业研究会是根据美国2千家出版社的实际销售额、而普华永道是根据用户消费模式做的预测，所以前者的预测更为实际

---

① 美国国会图书馆拥有1亿3千8百万件包含450语种的馆藏.

② 舒茨. 图书馆的未来. 图书馆杂志，1977（4）：37.

一些。[①]

在日本，Impress 集团从 2003 年起就跟踪调查电子书市场情况。2012 年电子书市场规模 729 亿日元，比 2011 年的 629 亿元增长 15.9%；也就是说，电子书销售额占图书出版总额的 8% 左右，大约是美国 2009 年的水平。据预测，到 2017 年将达到 2 390 亿日元的规模，即 2012 年的 3.3 倍。[②]

根据我国新闻出版广电总局发布的《2014 年新闻出版产业分析报告》，中国 2014 年出版印刷和发行营业收入为 19 967.1 亿元，较 2013 年增长 9.4%；数字出版实现营业收入 3 387.7 亿元，较 2013 年增长 33.4%。虽然数字出版增长速度较快，但在全行业营收中占的比重仍然很小。如果以电子出版物出版营收来看，2014 年仅 10.9 亿元。

业界最关心的是数字出版与纸质出版的临界点。普华永道（PWC）于 2013 年 6 月发布了一个预测，2017 年电子书与纸质书销售将出现逆转。[③] 由此，根据日本大约比美国晚三年估计，日本电子书销售额将于 2020 年达到 4 000 亿日元的规模，也就是 50% 左右。我国没有相应的数据，但根据中国青年报 2010 年 3 月 25 日题为《有研究预测今年中国电子阅读器销量将占全球市场 20%》

① BookStats news.BISG. http://www.bisg.org/news-5-836-press-release-bookstats-volume-3-now-available.php.［2013-09-18］.

② 2012 年度の電子書籍市場全体は 729 億円—2017 年度に 2400 億円規模. IT Media.［2013-09-18］. http://ebook.itmedia. co. jp/ebook/articles/1306/27/news088. html.

③ PwC：the U. S. Consumer Ebook Market Will Be Bigger Than the Print Book Market by 2017. The Digital Reader.［2013-09-18］. http://www. the-digital-reader. com/2013/06/05/us-ebook-market-to-eclipse-paper-book-sales-by-2017-and-other-stupid-nonsense/.

一文的报道，2020 年我国数字出版销售额将占到整个出版产业的 50%。数字出版销售额超过纸质出版，就意味着人类真正进入了一个数字化的时代。

2013 年瑞士国家图书馆在 2012 年的年报中披露了 2012—2019 年战略规划，其题目就是“未来是数字的，但纸张将保留”，旗帜鲜明地打出了数字化战略。也许人们会觉得瑞士国家图书馆在数字化上过于激进，但从该馆 2007 年至 2011 年的战略规划中已经可以看出转型的趋势。2007 年至 2011 年战略规划中，该馆确立了三大支柱：

（1）点收集电子出版物；

（2）提升瑞士历史、文学、艺术以及情报学等领域的服务质量；

（3）为其他图书馆及档案馆提供资料保存技术等。①

瑞士国家图书馆面向数字化时代的战略规划在欧美图书馆中颇具代表性。

馆藏数字资源

信息资源的分类由于数字资源的兴起而变得复杂起来。以前，信

① The future is digital, But paper remains. The strategy for 2012-2019. [2013-09-18]. http://www. nb. admin. ch/org/01549/04333/04347/index. html?lang=en.

息和知识与载体是一起的，如图书、期刊、唱片、缩微资料甚至只读光盘等。数字资源在没有进入借阅环节时，它是通过电子计算机或网络来实现传递的；但当电子书像图书那样进入流通环节时，图书馆就面临新的管理问题了，因为电子书阅读器只是一种工具而不是内容，也就是说载体与内容两者是可以分离的。比如电子书阅读器可以处在常借状态，而电子书内容可以用DRM（数字权限管理）来控制其借阅期限和借还状况。

通常，图书馆收藏的都是具有系统性和组织化特征的资源。根据美国教育资源信息中心（ERIC）出版的叙词表关于“图书馆”的定义：图书馆拥有系统收集并有序组织的信息资源并通常为用户提供帮助。[①] 同样，图书馆收藏的数字资源主要也是有序组织的资源，同纸质文献相比，数字资源类型较为丰富。

图书馆目前收集的数字资源主要有如下形式：

电子书（e-books），包括单行本电子书（e-singles）

电子报纸（e-papers）

电子期刊（e-journals）

数据库（databases）

光盘（CD-ROMs）

电子文件（e-documents），包括政府出版物

电子文档（electronic files）

---

① 原文是：Collections of systematically acquired and organized information resources，and usually providing assistance to users. 源自 ERIC Thesaurus.［2012-03-17］. http://www. eric. ed. gov/.

参考工具（reference tools）

舆图（maps）

音乐（scores）

摄影（pictures）

自制数字资源（materials digitized by the library）

其他

随着数字出版物的不断增长，数字资源在馆藏中的占比也不断提升。据有关资料，2004 年美国研究型图书馆电子资源购置经费占总购书经费的 29.7%；到 2010 年，这一比例提高到 58.8%。[①] 而在研究型图书馆以外的其他图书馆，这一比例要小得多。

电子书时代

在 20 个世纪末，电子书还属于一种“概念书”。[②] 世界上第一本电子书在 1998 年诞生之后，经历了较长的一段时期才逐渐被读者广为接受，并成为图书馆认可并纳入收藏范围的资源。

最早的电子书一般认为是 1998 年出版的软书（Softbook）和

① Publishers Communication Group. Library Budget Predictions for 2011. [2012-03-17]. http://www.pcgplus. com/pdfs/LibraryBudget2011. pdf.

② “电子概念书”改变阅读方式.［2002-10-26］. http://www. chinapostnews. com. cn/264/tb06. htm.

图 4-1　Softbook 公司的软书

火箭书（Rocket book），前者由Softbook公司出版，后者由Nuvo Media公司出版。2000年3月，西蒙与舒斯特（Simon & Schuster）公司以电子格式在网上发行了斯蒂芬·金（Stephen King）的惊险小说《子弹骑手》（*Riding the Bullet*）。24小时之内，就有大约40万名读者下载了这本标价2.5美元、66页的小说。但它只能在计算机上阅读。不久，时代华纳（Time Warner）创立了电子图书部（iPublish.com），但后来出现挫折一度关闭，该部门领导拉里·基尔希鲍姆（Larry Kirshbaum）不得不承认“经营讲求时机，太早进入

图 4-2　Nuvo Media 公司的火箭书

市场和太晚一样惨”，“电子书市场发展尚不如所期”。[①]2004年索尼（Sony）公司推出了应用电子墨水（e-Ink）技术的商用电子书Librie。2007年亚马逊推出Kindle电子书，给电子书产业带来一线希望，以后Kindle DX、Kindle 3、Kindle Fire，直至Kindle Paperwhite相继出现，引领了全球电子书的创新发展。2010年苹果公司（Apple）在iPad中推出了具有电子书应用（e-book app）的iBooks，在2010年4月至10月的半年里，苹果公司共销售了700万个iPad，并于2012年1月推出新的数字教科书服务iBooks2。

电子书正在改变人们的阅读和学习方式。根据哈里斯互动公司（Harris Interactive）2012年的民意调查显示，美国有15%的人使用电子阅读器读书，每6个美国人中有一人使用Kindle或iPad等读书。在接受调查的2 200人当中，有大约15%的人称自己未来半年有可能购买电子书阅读器，高于上一年同期的12%。[②]另有市场调查机构eMarketer预计，2011年底有超过2 000万台的电子阅读器在消费者手中，占美国8.7%的成人人口比例。到2012年，12%的美国成年用户将拥有Kindle、Sony、Nook等类似的电子阅读器。而亚马逊在美国电子书市场的占有率高达60%—65%，远超巴诺（Barnes & Noble）的25%以及苹果商店（iBook store）的10%。[③]

---

① 时代华纳出版社关闭电子书部门. 出版之门.［2012-03-17］. http://www. publishing. com. hk/pubnews/NewsDetail.asp?NewsID=20011206106.

② Harris Interactive调查显示15%美国人使用电子阅读器. 199IT网站.［2012-03-17］. http://www. 199it. com/archives/15952. html.

③ 恰克. 数字阅读成趋势　亚马逊理念的中国借鉴. TechWeb. 慧聪网.［2012-03-17］. http://info. av. hc360. com/2011/06/030837320668. shtml.

电子书产业正处在一个群雄逐鹿的战国时代，竞争十分激烈。国内在短短的几年里，一下子冒出了汉王、台电、盛大、文房、翰林、纽曼、易博士、爱国者、OPPO、华为、联想等数十个品牌，涉及厂商百余家。电子书技术的超速前行更显露出规范与版权等问题的滞后。规范与版权等问题制约了电子书产业的发展。

电子书发展速度惊人。2010年由于电子书迅速兴起，这一年被国际上称为“电子书元年”。[①] 但是四年之后的2013年，新型电子书即增强型电子书诞生并迅速发展起来，于是这一年又被称为增强型电子书元年。[②] 发展之快让人目不暇接。电子书发展去向如何是人们必须高度关注的问题。这里所说的电子书是指专用型电子书，英文是dedicated ebook，就是需要使用专用阅读器阅读的电子书。电子书把图书馆传统秩序打破不久，自己就要退出舞台了。国际出版者协会主席池永硕在2013年国际图联新加坡年会上提到，有人预测电子书到2017年就可能消亡。[③] 专用型电子书与增强型电子书不同，前者是纸质出版的延伸，而且要有专用的电子书阅读器；后者是指可上网互动、多媒体的电子书。

根据皮尤研究中心于2015年10月29日发布的调查报告，68%的美国成年人拥有智能手机，45%拥有平板电脑，而电子书阅

---

① 2010：The Year of the Ebook? Posted by Zealot on Nov 06，2009. http://www.mobilitysite. com/2009/11/2010-the-year-of-the-ebook/.

② 2013年のメガトレンドを予測する（上）. Ebook 2.0 Magazine.［2013-09-18］. http://www.ebook2forum.com/members/2013/01/ten-key-trends-in-2013-1/.

③ Y. S. Chi. The Transformation of E-book Market. IFLA Panel.［2013-08-19］. http://www.internationalpublishers.org/images/stories/Speeches/2013/ifla_ebook_panel.pdf.

表 2　皮尤研究中心关于美国成人常用信息设备的调查

移动电话、计算机是最常用的拥有设备

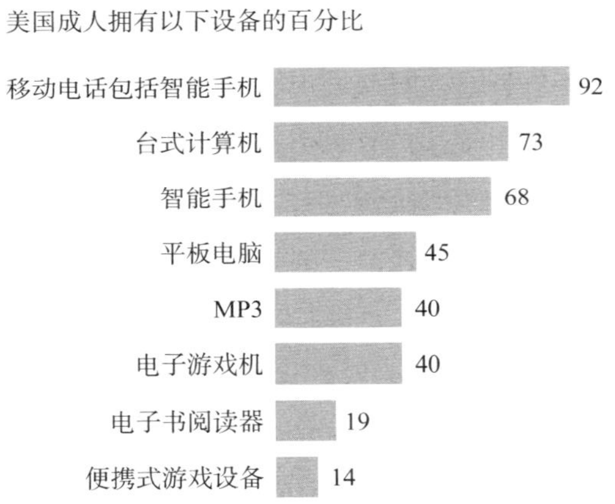

来源：皮尤研究中心于 2015 年 3 月 17 日至 4 月 12 日的调查，其中智能手机数据基于 2015 年 6 月 10 日至 7 月 12 日的调查。

皮尤研究中心

读器持有者从 2014 年的 32% 骤降到 19%。[①] 虽然这只是一个抽样调查，但这种专用型电子书阅读器呈下降趋势已经是一个不争的事实，接下来将是 BYOD（Bring Your Own Device，自带设备）的时代了。

增强型电子书的出现对图书馆的冲击是相当大的。专用型电子

① Monica Anderson. Technology Device Ownership：2015. 2015-10-29. http://www.pewinternet.org/2015/10/29/technology-device-ownership-2015/.

书之所以没有打破图书馆的传统格局，是因为它可以按照书的方式来处理。数字化的好处在于无所不在和非线性，但我们没有把这一优势发挥出来，相反要求所有的数字化知识都固化到书的形态里。网络界已经意识到这一点，这种基于纸质书的电子书已经跟不上数字化、网络化发展趋势了，增强型电子书是互动形态的，它的出现必然对图书馆服务与管理方式带来冲击。

读者在阅读一本增强型电子书的时候，不仅个人可以与之互动，而且还可以看到其他读者留下的痕迹——评论或者读后感。试想一下：一本书在出版20年、甚至50年后，会有多少读者的跟帖和评语啊！也就是说，书的生命在延续、作者与读者的联系在延续，这就是增强型电子书的最奇妙之处。

OCLC于2013年推出了公共图书馆电子资源的战略报告（*The Big Shift Public Library Strategies for Access to Information in Any Format*）。该报告提出了6项建议：（1）公共图书馆要在电子书供应链上创造新的价值；（2）要收集电子书供应链中与公共图书馆价值有关的数据；（3）在有关电子书获取的公共政策上，要积极向立法者游说；（4）要在公共图书馆在电子书获取上有重要作用的问题上形成共识；（5）要与新的合作者继续开展合作；（6）在上述战略规划上开展协调和管理。[①]OCLC呼吁图书馆要高度关注并参与电子书的发展，以期在电子书发展上有更多更大的话语权。

---

① Full Text Report：The Big Shift：Public Library Strategies for Access to Information in Any Format. Library Journal. 2013-08-13. http://www. infodocket. com/2013/08/13/full-text-report-the-big-shift-public-library-strategies-for-access-to-information-in-any-format/.

陶器也能成为图书馆收藏品吗？

图书馆可以流通的资源很多，最初以图书和期刊为主，后来扩展到各种载体的资源，其中不少是实物资源。

1995 年开馆的日本佐贺县伊万里市立图书馆除了收集传统的图书资料外，还重视收藏各种艺术品，如为当地有名的工艺品伊万里陶器开设了一个小天地。[①] 再比如，亚利桑那大学图书馆收藏有内装罗斯福水坝（Roosevelt Dam）泄洪时的第一瓶水的酒瓶、亚利桑那州的建州纪念章、机关枪套以及旗帜等具有该州象征的藏品。[②] 其次，将收藏、利用与当地经济和社会发展紧密结合。比如，在美国加州列治文市公共图书馆里有一个种子图书馆，叫 Richmond Grows Seed Lending Library，该馆收藏有大量当地种子，并做成目录和展柜供读者利用。读者可以在图书馆开放的时间里来馆借还种子。[③] 该馆创建者吕贝卡·纽波恩（Rebecca Newburn）是一位中学数学和科学老师，她曾经是湾区种子交换馆（The Bay Area Seed Interchange Library）的客户，该馆已有 12 年外借种子的历史，但知名度不高，纽波恩将这一服务引进公共图书馆后，使更多的市民能知晓并分享

---

① 鲍延明. 日本图书馆的新时代. 图书馆杂志，1996（2）：58.
② 吴建中. 21 世纪图书馆新论. 上海：上海科学技术文献出版社，1998：87.
③ Kimble-Evan Amanda. Checking out seed libraries. Organic Gardening，58（4）：70.

这一服务。再次，将收藏、利用与创意发明和人才培育结合起来。图书馆不仅将这些作品用各种手段展示出来，而且还设法将它们做成复制品供读者带回家欣赏。香港中央图书馆从2003年起推出了一个“艺术品外借计划”，市民只要凭有效的读者证就可以到该馆10楼的艺术资源中心借画回家。每次最多2幅作品，团体则可借最多5幅，为期30天，每件作品最多可续借3次。供外借的艺术品种类包括国画、西洋画、版画、摄影和混合媒体等。[①]

在《美国图书馆事业发展的12条宣言》第5条“图书馆是培育创造性的场所”一节中，有这么一段话：“……假如没有图书馆，会不会有创造性的社会呢？图书馆不仅是一个保管文字信息的地方，而且还是一个保管影像（image）信息的地方。恐怕21世纪图书馆的定义将会扩大，法国的史前拉斯科洞穴（Lascaux，Grotte de）壁画也可以被看作是一种早期的图书馆。壁画也好，图书馆也好，都具有一种发掘人类创造精神的力量。”[②]

如何给图书馆资源下定义是一个难题。图书馆资源再宽泛也应该有一个边界，否则就与博物馆、美术馆、纪念馆的资源没有区别了。实际上，图书馆与博物馆、美术馆、纪念馆主要不是资源上的区别，而是性质和功能上的区别，如博物馆、美术馆、纪念馆重保存和展示，不强调流通和利用。图书馆虽然也重视保存和展示，但更突出流通和利用，使读者通过直接接触和欣赏这些艺术作品来增

① 艺术品外借计划为生活添色彩. 香港公共图书馆通讯，2007（5）. http://www.hkpl.gov.hk/textonly/tc_chi/ext_act/ext_act_pub/ext_act_pub_ln/2007/5/03.html.

② 竹内悊編集. 図書館の目指すもの. 日本図書館協会，1997：21.

长知识、陶冶情操。

广播电视节目将成为图书馆的一大资源

如今，视听资料已经成为图书馆资源的一个重要组成部分。它包括的范围很广泛，有电影胶片、幻灯片、唱片、录音磁带、盒式磁带、录像磁带、CD、LD、VCD 甚至 DVD 等，今后还会有更多新的载体出现。

法国国家图书馆拥有非常丰富的音乐和视听资源，该馆音乐部成立于 1942 年，通过半个多世纪的积累，已收藏有 2 百万件乐谱、音乐家手稿、档案以及各种音乐作品。[①] 此外，该馆还有一个规模庞大的视听部，其中很大一部分资源来自 1977 年并入的原法国国家有声图书馆。从 1975 年起，该部通过法定的缴送制度，获得大量国内出版的音像资料。20 世纪 90 年代中期已拥有 90 多万件录音资料、6.2 万件录像资料、2.8 千件多媒体资料和 30 万幅数字化影像资料。该馆还收藏有 400 个各种唱机设备，以供读者欣赏各种类型的视听资料，包括 1877 年发明的最早的

① 法国国家图书馆新馆简介（*The Bibliotheque nationale de France: into the Twenty-first Century*）. 44，51.

卷筒式唱片（cylinders）。

上海图书馆从1969年成立唱片组以来，已收藏有唱片20多万张，成为国内最大的唱片图书馆，其中不乏国内外罕见的珍品，卷筒式唱片就有2个。该馆还注重收集新的视听载体，如CD、VCD、LD和DVD以及各种国内外有影响音乐、戏剧以及获奖电影等。在淮海中路上的上海图书馆D区视听部，配备有2个视听点播室、1个放映室和1个音乐欣赏室，另外还有专供研究人员使用的4人视听室、个人视听室。今后，读者不仅可以在馆内，而且可以在网上或者带回家欣赏这些视听资料。

长期以来，图书作为一种主要信息载体决定并影响着图书馆业务活动的内容和形式；同样，新的载体也将对未来图书馆业务活动的内容和形式产生重大影响。但是图书馆员长期在“书本位”的环境下形成了一种思维定势，对静的资料比较重视，而对动的资料往往不太注意去收集，似乎只有图书才是知识的真正载体。

比如说，对电视节目的认识问题。美国夏威夷大学卡比奥拉尼学院（Kapiolani College，University of Hawaii）图书馆原馆长韦伯（Terry Webb）认为，图书馆里要腾出放电视机的空间，因为大多数人是从电视节目里了解和得到本地和国际新闻的。而且，在电视节目里有很多高质量的教育和信息节目，很多节目常常邀请学者、政治家、科学家以及其他权威人士讨论问题。但是图书馆员在他们绘制的未来蓝图中并没有包括电视。他们认为电视机已经非常普及，而且在内容和质量上有很多不确定的因素，因此认为没有必要把它们结合到图书馆服务中去。但是，图书馆订购的报纸和大众杂志中，有些内容不是也有不健康因素或偏见吗？如果图书馆员认识到电视是未来图书馆中的一大重要信息来源，那么他们就会运用自己特有的选择能力，去发掘电视的优势。在卡比奥拉尼学院图书馆里有一种称为 NewsWare 的录像新闻服务。韦伯认为，当录像、数据和声音信息在同样的设备上传输的时候，图书馆员将不得不把电视看作一大信息来源。所以，他预计到了 21 世纪，所有图书馆都有可能把大众传播频道集成到自己的信息服务体系中去。① 2001 年 2 月，我在香港岭南学院图书馆看到一种以电视节目为内容的数据库，即视频点播（Video on Demand），他们与电台和电视台合作，把一些适应该校教学计划的电视节目录制下来，为师生学习研究提供参考。如今开展视频服务的图书馆越来越多。

随着信息技术的发展和学习方式的创新，MOOC（Massive Open Online Course，大规模网络开放课程）也于近几年迅速发展起来，其中比较著名的有 Coursera、Udacity、edX 等，尤其是 Coursera，截至 2012 年 11 月，Coursera 上有来自 196 个国家的超过 190 万人，他们至少注册过一门课堂。尽管有数百万人注册过课堂，但完成率仅是 7%—9%。② 国内不少大学或加入国际 MOOC 平台、或联合建立自己的平台，如上海 30 多所高校联合成立高校

---

① 吴建中. 21 世纪图书馆展望. 上海：上海科学技术文献出版社，1996：72.

② 维基百科. Coursera. 2013-10-04. http://zh. wikipedia. org/wiki/Coursera.

图 4.3 FutureLearn（未来学习）主页

课程中心，推动各个学校优质的课程向其他的高校学生开放。① 不列颠图书馆（The British Library，大英图书馆）于 2013 年 2 月宣布加入英国 2012 年底建立的 MOOC 平台 FutureLearn（未来学习）后，得到英国首相卡梅伦（David Cameron）的高度肯定。② 由于 MOOC 与图书馆功能比较贴近，今后与 MOOC 合作的图书馆也会逐渐增多。

---

① 缪晨霞，孔悦．探索“中国式慕课”（MOOC）．新京报，2013-10-03.

② Prime Minister welcomes the growth of the UK's mass-participation learning platform FutureLearn as the British Library becomes the first non-university institution to join. British Library News. 2013-10-06. http://pressandpolicy.bl.uk/Press-Releases/Prime-Minister-welcomes-the-growth-of-the-UK-s-mass-participation-learning-platform-FutureLearn-as-t-60d.aspx.

潜在的馆藏资源

到目前为止，图书馆管理的资源都是文献型的资源，也就是说内容比较完整、载体比较明晰的资源。但新的载体或样式不断产生。单行本电子书（e-singles）也好，增强型电子书也好，虽然都是电子书，但这些新出现的样式给图书馆管理带来新的课题。

知识是流动的，很多有价值的信息和知识是瞬间存在的。图书馆不能仅仅关注原来意义上的静态的资源，还应该关注那些处于活动之中的动态的资源。

我们每天在生产信息的同时也在丢失信息。以互联网资源为例，有研究表明，在6个月中有12.2%的网站和20.5%的网页不能被访问到；1年后，分别上升到17.7%和31.8%。每周有0.5%的网页和网站消失，6个月和1年内网站发生变化的比率分别为97%和超过99%；对于网页，这组数据分别为98.3%和99.1%。① 另据OCLC统计，1998年、1999年和2000年的网站到2002年分别仅剩下13%、19%、33%。② 如何管理和保存流动中的有价值的信息，也是需要研究和探索的问题。

---

① 段宇锋．网络链接研究中的制约因素分析．图书情报知识，2004（6）：8-10.

② 黄鸿珠．图书馆的新角色．2012年1月6日演讲稿．2012-01-06. http://www. lib. usc. edu. tw/library/20120106/PPT/20120106_1. pdf.

只有100个字左右的微博，或者一段手机短信，从严格意义上来讲，就像图书馆收藏名人手稿和书信一样，微博和短信也是信息和知识，也是人类文明的记录。以前我们较少关注的预印本（preprint）之类的文献，它们的利用率常常会高于正式的出版物。大量证据显示，在学术研究领域自存档（self-archiving）的文章引用率更高，大多数学科的论文在引用率方面至少得到两倍的增长。①

但是在信息爆炸的今天，没有哪一个图书馆可以把所有的信息资源收集齐全。因此面对浩如烟海的信息世界，美国国会图书馆劳拉·坎贝尔（Laura Campbell）在一次研讨会中强调，图书馆已经不能毫无选择地照单全收了。② 图书馆员要关注的不是所有资源，而是经过选择的与本馆的馆藏发展政策相符的资源。

在此前提下，我们需要关注非结构化资料、零次情报和灰色文献等传统图书馆不太关注的资源。

非结构化资料。根据IBM的说法，非结构化资料包括来自电子邮件、文档、电子数据表、博客、Web页面、图片、音频文件和视频文件等来源。这些数据占总数据量的80%。由于它们不符合传统格式，所以需要有人或使用工具进行解释，以便转换成组织可用的可操作形式。IBM认为，信息不仅在增长，而且在变化，现在的机构不仅处理在数据库中存放整齐的结构化数据，而且也越来越多

① Open Access Brief Paper. JISC. 2005-04-25. http://www.jisc.ac.uk/index.cfm?name=pub_openaccess.

② James Rogers. Library of Congress Groans Under Data Strain. Network Computing. 2012-03-17. http://www.networkcomputing.com/other/229603367. 原文是：The library can no longer collect everything.

地处理非结构化数据。[①] 我们可以将非结构化资料的概念从计算机领域延伸出去。在图书馆，非结构化资料包含完整文献以外的所有文献信息，如残本、散页、手稿以及各种非完整的信息资料，有些散片残页可成为补充历史甚至改写历史的重要素材。今后，这类非结构化资料将越来越多地进入图书馆，如何有效管理、利用和保存这些信息资源也是图书馆面临的一个重要课题。

零次情报。零次情报早就引起情报界的关注。零次情报是相对于一次情报、二次情报和三次情报的非正规情报，主要包括两方面内容：一是未形成文字材料的口头交谈；二是未经正式发表的原始文献，或未正式出版的资料。零次情报往往没有固定的载体，一般具有隐蔽性、普遍性、广泛性、新颖性、原始性、偶然性、适用性、廉价性、短暂性以及分散性等特征。零次情报包含的内容丰富多样，有口头交流型，如访问、对话、交流会、技术座谈、技术谈判、转让洽谈、解答咨询；有私人通信型，如各种书信、短信、手稿；有实物展示型，如实物样品、样机、模型、产品、实验设施；还有其他非正规文献型情报，如包括图片、图表公式、数据等各种形式的广告、各单位的小报、新闻发布会、广播和电视中的信息等。而且其形式和内容随着形势的发展而不断变化，如近年来流行 Webinar（网络研讨会），有些图书馆就将 Webinar 资源汇集在一起建成 Webinar 数据库。零次情报获取的途径很多，它可以从研讨

① IBM. 系统与科技事业部．通过 IBM 存储解决方案应对信息爆炸问题． 2012-03-17. http://ftps. zdnet. com. cn/files/3/22081. pdf.

会、技术座谈时获得；从电话咨询、访谈、问卷调查以及员工合理化建议中获得；从平面或网络媒体中获得；或者通过参观考察等渠道获得。

灰色文献。情报界通常把公开出版的标准出版物称为“白色文献”，将具有密级性质的、非公开出版发行和交流的文献称为“黑色文献”，而“灰色文献”则是介于两者之间半公开的非正式出版物。目前对灰色文献的定义多取自1997年举行的“第三次国际灰色文献会议”中所提出的：“灰色文献指不受商业出版者控制，而由各级政府、学术单位、工商业界所生产的各类印刷与电子形式的资料”。该定义称为“卢森堡定义”（Luxembourg Definition）。2004年在纽约举行的第六次会议上，在“商业出版者”后面增加了一句话：“比如，在那里出版不是生产者的主要活动”。由于知识生产方式的变化和数字化的发展，2010年在布拉格举行的第12次会议上，又提出对该定义进行修改的建议，被称为“布拉格定义”（Prague Definition）：“灰色文献指由各级政府、学术单位、工商业界所生产的多种类型的印刷与电子形式的资料，这些资料受知识产权的保护，并具有被图书馆或知识库收藏并保存的充分的品质，但它们不受商业出版社的控制，而是受不以出版为主业的组织的控制。”[①]

随着数字化虚拟化的发展，文献的名称和定义也在发展和变

① Joachim Schöpfel. Towards a Prague Definition of Grey Literature. [2012-03-17]. http://archivesic. ccsd. cnrs. fr/docs/00/58/15/70/PDF/GL_12_Schopfel_v5. 2. pdf.

化。非结构化信息、零次情报和灰色文献与上述实物资源和虚拟资源有交叉，它们中既有实物的资源，也有虚拟的资源；既有原生数字（born digital）资源，也有转换数字（turned digital）资源。

文献保护与蓝盾计划

文献保护项目（Preservation and Conservation，简称 PAC）是国际图书馆界的主要攻关课题之一。文献保护的浪潮是在 20 世纪 70 年代才兴起的，那时候不少国家图书馆发表了馆藏状况的调查报告。比如，法国国家图书馆于 20 世纪 70 年代的一份调查报告中指出：有 650 万册藏书处于危险状态。1983 年日本国立国会图书馆对馆藏资料进行了调查，发现 20 世纪初用酸性纸印刷的出版物，以及 1940 年代至 1950 年代期间由于原料不足而利用劣质纸张印刷的出版物，出现严重劣化现象。[①] 为此，国际图联发起 PAC 核心计划，其目的在于确保任何形式和载体的图书馆资料（不论是已经出版的还是未正式出版的）得以永久保护和方便利用。PAC 计划是于 1984 年在内罗比会议上正式提出、在 1986 年维也纳图书馆资料保护学术研讨会后开始启动的。

从 1992 年起，法国国家图书馆根据与 IFLA 签订的协议，开

① 塩見昇. 図書館概論. 東京：日本図書館協会，1998：204.

始实施 5 年发展规划，并在馆内设立 PAC 国际中心，与莱比锡、华盛顿、加拉加斯、堪培拉、东京和莫斯科等区域中心协作研究并发展国际文献保护事业。至 2013 年，区域中心已经扩大到包括里约热内卢、圣地亚哥、西班牙港、波多诺伏、开普敦、阿拉木图、首尔和北京等城市。

PAC 的主要原则是：

（1）图书馆资料的保护是文化与学术发展、继承的基础工作；

（2）图书馆资料的保护是国与国之间相互依存的共同事业；

（3）各国不仅有责任保护好自己的出版物，而且应该承担对与本国的文明、文化有关的其他图书馆资料进行保护的义务。

PAC 国际中心每年出版三期《国际文献保护通讯》（*International Preservation News*）。此外还出版《缩微资料保管指南》、《文献保护的今天与明天（读者版）》、《国际图联灾害预防手册》以及会议录等。

各国在文献保护方面都采取了紧急措施，比如在中国，由于解放前的出版物大量使用酸性劣质纸，现在大多已经泛黄发脆，处于严重破损状态。为此，文化部于 20 世纪 80 年代初组织全国各地的大中型公共图书馆联合实施文献抢救计划，对建国以前的旧报纸和旧期刊进行大规模的缩微拍摄。截至 1994 年底，有 2 149 种报纸、5 751 种期刊以及 20 163 种古籍善本，共计 3 154.9 万个画幅的缩微资料已拍摄入库。[①] 2007 年，在文化部领导

① 吴慰慈等. 蓬勃发展的中国图书馆事业. 北京：书目文献出版社，1996：88.

下，中国国家图书馆与全国各省市图书馆合作开展“中华古籍保护计划”，2012 年国家图书馆又启动了“民国时期文献保护计划”。在各图书馆和教育文化机构建立古籍修复中心，至 2015 年底全国有 12 家国家级古籍修复中心，2013 年国家图书馆在此基础上成立了“国家级古籍修复技艺传习中心”。

在国际文献保护中，值得一提的还有“蓝盾”（Blue Shield）计划，即防止战争灾难和自然灾害的计划。蓝盾国际委员会（International Committee of the Blue Shield，ICBS）成立于 1996 年，由国际档案委员会（ICA）、国际图联（IFLA）、视听档案社团协调协会（CCAAA）、国际纪念碑及遗址协会（ICOMOS）、国际博物馆协会（ICOM）在巴黎共同创建，为避免和保护由于战争而处于危险状态的文化财产而收集、交流信息，并采取联合行动。它要求各国都建立蓝盾国家委员会，加强国家图书馆与国家档案馆和国家博物馆之间的合作，并建立预案，防止各类影响文化财产的灾难发生。同时，组织专家网络，在需要的时候将他们派赴现场，以应付各种紧急事件的发生。根据蓝盾国际委员会主页 2015 年 10 月提供的信息，已经有 26 个国家建立了国家蓝盾委员会，还有 22 个国家正在筹备之中。2008 年在海牙成立了蓝盾国家委员会联合会（Association of National Committees of the Blue Shield，ANCBS），以协调和指导各国开展文物保护工作。

2011 年 12 月 8 日至 10 日，国际蓝盾委员会（ICBS）第一次国际大会在韩国首尔举行。大会的主题是：“变化时代中的世界文化遗产保护：应急准备和紧急应对”，会议的分主题包含自然灾害和环境变化对文化遗产的影响、军事斗争与政治危机中遗产的保护、认识文化遗产的多样性、新科技、新危机与新应对、针对区域和本土的准备和应对措施以及整体性的文化遗产保护方法。12月9日会议发表了《紧急状态下文化遗产保护首尔宣言》（*The Seoul Declaration on the Protection of Cultural Heritage in Emergency Situations*）。

第五章

业务：

向馆外延伸

馆际协作、资源共享已经成为图书馆业务发展中不可缺少的重要环节。在信息爆炸的今天，如果图书馆不去借用外力、不去享用已有的社会劳动成果而一味闷头作业的话，是难以达成预定目标的。再大的图书馆也无法将世界上所有的出版物收集齐全，无法包揽所有信息资料的处理作业。事实上现在已经没有一家图书馆真正是在独立作业的，资源共享在图书馆之间已经形成共识。随着互联网的建立，图书馆之间的交流变得更加容易、更加频繁，从集中编目到联合目录、从信息检索到馆际互借，图书馆的基本业务都可以通过网络来实现。如今国内不少图书馆已经实现联网，有些地区或系统已经组成了专业化的联盟，有些图书馆或信息处理机构正在积极开展网上专业活动，图书馆通过网络实现资源共享的条件已经成熟。

任何图书馆都不是独立的。我记不得这是出自哪一位图书馆学家的名言，但尽管如此，图书馆的“围墙”实际上还是很坚固的。不少图书馆缺乏合作意识，生怕参加协作以后会吃亏，把自己的那一部分资源看管得牢牢的。其实合作的结果是互惠互利、资源共享，往往在实现共享之前付出的大于得到的，在实现共享之后肯定是得到的大于付出的，而我们常常在得到资源共享的好处之前就散伙了，因为大家只看到自己付出的一部分。这种“围墙”意识严重地阻碍着图书馆事业的发展。

图书馆应打破“围墙”，其业务活动的领域应该向馆外延伸，与其他图书馆或信息机构协作，成为图书馆网络中的一员。现代化图书馆应该是一个无边界、大图书馆的概念，所有图书馆只是整个网络中的一员，每一个图书馆都应该有大图书馆意识，在进行本馆业务发展规划的时候，要把自己的业务活动与整个网络系统联系起来。

图书馆联盟

图书馆联盟（Library Consortia）是一个国际性的热门话题。一方面人们发现松散的共享形式在实际运作中存在很多局限性，另一方面电子资源数量的激增使得大多数图书馆越来越感到力不从心。尤其是从20世纪90年代中期开始，由不列颠百科全书（Encyclopedia Britannica）和学术出版社（Academic Press）等出版机构发起网络电子资源许可协议后，各图书馆已经意识到必须依赖联盟的力量和机制以满足日益增长的信息需求。通过数十年资源共享的实践，人们发现图书馆联盟是实现资源共享的最实际、最有效的组织形式。

图书馆联盟是近年来各图书馆之间为降低成本、共享资源而共同发起的一种新的联合体，既有政府主办的，也有自发组织的；既有集中型的，也有分布式的，前者较典型的有美国俄亥俄图书馆联盟（OhioLINK），后者较典型的有美国宾州学术图书馆联盟（PALCI）。图书馆联盟最初是为共享实物资源而组建的，随着互联网的发展，联盟的重心转向网络信息资源的共享。其中很重要的一项工作是通过集体采购或租赁方式，降低电子信息资源的价格，同时实行资源共享。联盟从事的工作还包括：创建标准化的计划和服务项目；改进获取文献资源的操作过程；扩大有用的电子资源；进行整体的设备规划及维护工作；提供培训和咨询；开展数字参考服务等。[①] 这种组织在研究性图书馆之间比较普遍，由于大多数研究性图书馆都是国立或公立的，因此很多图书馆联盟实际上都得到了政府的资助。在国外比较成功的有 OhioLINK，它是俄亥俄地区 121 家大学图书馆以及俄亥俄州立图书馆的联合体，为 60 多万名师生提供信息服务。该联盟自 1989 年成立以来，已拥有 5 000 万图书资料，可提供的检索资源有 17 000 种全文期刊、100 多个各类书目或全文数据库、39 000 本当地学生的学位论文和 81 000 种电子书（截至 2014 年 7 月）。[②] 而在国内首推中国高等教育文献保障系统即 CALIS，该系统于 1998 年启动以来，建立了文理、工程、农学、医学等 4 个全国文献信息服务中心、7 个地区中心以及 1 个国防信息中心，建立了一系列国内外文献数据库，成员馆已经达到 1 600 家。通过集团购买电子资源产品和自行数字化加工等方式，CALIS 形成了以数字化图书、电子期刊、学位论文为主的覆盖所有重点学科的学术文献资源体系。截至 2013 年 10 月，数字资源的记录总条数超过 7 000 万条，构成了目前国内最大的文献报导体系之一，较为全面地揭示了高校的电子资源和纸本资源，

---

① 于湖滨，张军．图书馆共享联盟的形成与发展．图书馆杂志，2001（9）：60-61.

② OhioLINK：Ohio Library and Information Network．［2014-07-31］．http://www.ohiolink.edu/about/what-is-ol.html.

为高校间大规模的资源共享提供了条件。[①] CALIS开展了公共目录查询、信息检索、馆际互借、文献传递、网络导航等网络化、数字化文献信息服务。该系统将各高校图书馆连接成一个整体，改变了过去一校一馆孤立发展的模式，推动了高校图书馆的整体化建设。CALIS与CADAL（大学数字图书馆国际合作计划，China Academic Digital Associative Library）一起，共同构成中国高等教育数字化图书馆的框架。

国际合作和政府资助是图书馆联盟发展的两大重要趋势。随着各国图书馆联盟的发展和深入，建立国际性的协调、交流和研究组织摆上了议事日程，国际图书馆联盟协会（International Coalition of Library Consortia, ICOLC）就是在这样的背景下应运而生的。该组织成立于1996年，是图书馆联盟领域的第一个国际性专业组织，到2015年10月已经有40多个国家的200家世界各地图书馆联盟加盟到该协会中来。这些年来，该组织成为各国、各地图书馆资源共享组织进行交流的论坛，如推荐新的电子资源库、公布提供商或代理商的价格政策、探讨共同关心的各种问题等。该组织是一个松散的联合体，没有特别的约束机制，每年举行两次会议，并发表一些声明和建议。如2011年6月22日，该协会发表了针对国际科技与医学出版者协会（International Association of Scientific Technical and Medical Publishers）限制图书馆开展科技与医学期刊馆际文献

① 北京大学图书馆. CALIS现况.［2013-11-24］. http://conference. lib. pku. edu. cn/2012/?page_id=53.

提供指南的声明（*ICOLC Response to the International Association of Scientific Technical and Medical Publishers Statement*），指出该指南无视各国有关知识产权政策的不同环境和馆际文献服务的成熟实践，对多年来图书馆形成的支撑学术活动的有效秩序将会产生不良影响。[①]

我国目前有不少地区和系统正在发展这种联盟式的协作体，但总体上还存在基础薄弱、手段落后的问题，很多活动仍停留在口号和形式上，缺乏实质性的资源共享内容。国外比较成熟的馆际互借、文献提供等信息技术手段在我国的图书馆联盟组织中都没有得到普及，有的图书馆连手工方式的馆际互借工作都没有很好地开展起来，过去曾经有省级图书馆之间开展馆际互借业务的约定，但这项工作没有很好地坚持下来，而且也缺乏一个部门来进行组织和协调。

图书馆在线网络

我们正在进入一个虚拟图书馆时代。当图书馆的信息资源通过互联网连接千家万户以后，对于终端上的用户来说，他们关心的是如何获得而不在乎从哪里获得自己需要的东西。互联网上有各图书

① ICOLC Response to the International Association of Scientific Technical and Medical（STM）Statement. ICOLC.［2013-10-07］. http://icolc.net/statement/icolc-response-international-association-scientific-technical-and-medical-stm-statement.

馆提供的反映自己馆藏的各种虚拟资源，但是从理论上来说这些资源还是分散的，用户需要通过多次复杂的查询才能从有限的一部分资源中获得自己所需要的东西。因此，图书馆在线网络应运而生，成为满足图书馆、情报所及其用户需求的最佳信息服务组织。

世界上最成功的图书馆在线网络，要数美国的OCLC了。OCLC是世界上最大的图书馆合作网，创建于1967年。成立之初，其名称为“俄亥俄高校图书馆中心（Ohio College Library Center）”。1971年，引进今天被世界各地图书馆广泛使用的在线图书馆编目共享系统，使得图书馆编目成本大大降低。1977年，扩展为全美图书馆合作网络。

在过去近半个世纪里，OCLC成员由最初美国俄亥俄州的54家高校图书馆发展为全球16 000多个机构成员（截至2015年9月）。其服务对象包括大学图书馆、研究图书馆、公共图书馆、国家图书馆、企业图书馆和专门图书馆等。通过1999年与WLN（Western Library Network，西部图书馆网络）、2006年与RLIN（Research Libraries Information Network，研究图书馆信息网络）等的合并，OCLC成为全球最大的图书馆网络，有170个国家的7万多家图书馆使用其服务。截至2015年10月，OCLC拥有341 982 507条书目记录和2 280 255 804条馆藏记录，而2014/5财年就分别增加20 392 480条和147 250 428条。[①]

---

① OCLC Annual Report.［2015-10-31］. http://www. oclc. org/en-US/annual-report/2015/breakthroughs. html.

OCLC 从 20 世纪 70 年代联合编目开始，到 80 年代资源共享项目，90 年代数字资源获取项目，21 世纪初虚拟参考、馆藏分析和资源挖掘，再到 21 世纪第二个 10 年启动全网规模（web-scale）的管理服务，一直在与时俱进，致力于提升图书馆运作和协作的品质，以不断满足全球图书馆日益增长的需求和现代科技日新月异的变化。

我国还没有类似 OCLC 的图书馆合作组织，但国家图书馆、国家科技图书文献中心（NSTL）、中国高等教育文献保障系统（CALIS）等分别代表各系统在全国层面开展了卓有成效的协作活动。

在联合编目方面，规模最大的是全国图书馆联合编目中心，截至 2013 年 5 月，该中心拥有成员馆 1 336 家，中外文书目数据总量 919 万余条，服务覆盖全国。[①] 中国高等教育文献保障系统（CALIS）联合编目中心拥有成员馆 1 000 多家，联合目录数据总量 569 万（2013 年 6 月），主要面向大学及学校图书馆。其他还有地方性编目中心如上海市文献联合编目中心、地方版文献联合采编协作网、书业联合编目平台和中国科学院国家科学数字图书馆联机联合编目服务系统等。在文献提供方面，我国主要的文献传递服务体系为中国高等教育文献保障系统（CALIS）、国家科技图书文献中心（NSTL）和中国高校人文社会科学文献中心（CASHL），国家图书馆、上海图书馆等也面向社会提供文献传递服务。

---

① 庄建．走进信息资源共知共建共享时代．光明日报，2013-06-13.

联合编目也好，文献传递也好，都有赖于平台和海量数据的支撑。OCLC之所以能取得成功，是因为它没有把联合编目和文献传递等看做单纯的业务行为，而是将这些业务与OCLC庞大的信息平台及其海量资源联系起来，在与用户之间资源共建与共享的过程中不断增加新的价值、创造新的服务。

分工收集与合作储存

美国研究图书馆协会成员馆1986年至1996年间书刊采购的调查表明，图书购买量下降了23%，期刊订购量下降了8%，而同时期的期刊价格上涨了138%。[①]

分工收集是馆际协作中最重要的项目之一。由于书价上涨和通货膨胀等因素，大部分图书馆购书经费呈下降趋势，单靠自己的力量已经难以满足读者的正常需求，为此，图书馆之间采取分工收集的方式来建立信息资源的保障体系。

第二次世界大战爆发以后，美国图书馆界出现了严重缺乏欧洲图书的状况。因此，图书馆之间联合起来，广泛收集各国的学术文献资料，分工入藏的馆际协作活动便由此应运而生了。当时

---

① J. P. 克雷娜，C. A. 哈马克．2000年的图书馆：采用文献传递、需求评估和网络化资源的转型中的图书馆. 大学图书馆学报，1997（2）：2.

影响最大的首推“法明敦计划”（Farminton Plan），1942 年开始筹备，1947 年正式实施。首先在法国、瑞士、瑞典试点，第二年推广到比利时、丹麦、意大利、墨西哥、荷兰及挪威等 9 个国家。到 1952 年为止，几乎包括了世界上大多数主要出版国，有 60 多所大学和公共图书馆参加了这一计划。计划规定，除了少数语种实行国别入藏外，根据国会图书馆分类表分成 804 个类目由各成员馆按类收集。这些图书进口以后立即编制卡片，送交国会图书馆；该馆根据自己的编目规则校核以后，编制印刷卡片，编入全国联合目录。这样，美国国内任何图书馆都可以通过馆际互借或复制获得这些资料。1972 年，该计划正式结束。以后，国会图书馆又于 1958 年和 1965 年，进行了 2 项大型计划：即公共法 480 计划（Public Law 480 Program）和全国采购暨编目计划（National Program for Acquisitions and Cataloging，NPAC）①。前者于 1961 年开始正式实施，国会图书馆根据该法案之授权，在亚洲、中东和东欧国家派驻代表，为美国图书馆采购这些地区出版的书刊，并由国会图书馆进行集中编目。在此期间，国会图书馆为美国 40 多所研究图书馆采购上述地区出版的各种重要书刊，并为 300 多所图书馆购买当地的外文书刊。后者根据 1965 年美国高等教育法成立，于 1966 年正式实施。根据该法的有关规定，国会图书馆除为其本身在世界各地采购具有学术及研究价值的资料外，还要为其他美国的图书馆采购世

① 吴建中．国外分工入藏的历史发展概要．江苏图书馆工作，1988（1）：102-103.

图5–1 上海市文献资源协作网成立大会于1994年3月14日在上海图书馆举行

界各地图书，并提供最新的书目信息。[①] 上述计划于1980年代初期终止，一方面是由于经费问题，另一方面是由于20世纪七八十年代美国图书馆协作组织的兴起，原有的采购协调和共享计划已经难以适应形势发展的要求。

上述联合采购和编目计划在图书馆发展史上是值得记载和研究的，它不仅印证了信息资源是一种战略资源，而且这些计划的实施推动了资源的有效共享，为后来图书馆界大规模资源协作与发展奠定了重要的基础。

---

① 胡述兆，吴祖善．图书馆学导论．台北：汉美图书有限公司，1991：504.

在我国，由于改革开放后对国际信息资料需求的日益高涨和外文期刊及数据库价格的不断上涨，图书馆界加强了信息资源的共建共享。上海市文献资源协作网于1994年成立后，每年6月前后组织外文期刊订购协调会议，以确保国外重要出版物在上海地区的分工收藏和合理配置。根据该协作网的协议，各馆将在收藏国外专业文献方面承担一定的义务，即使在经费困难的情况下，对属于分担领域的重要期刊不允许撤消订购，除非其他馆已订了同一品种。为此，各馆必须拨出一定额度，承担分工收集一部分专业资料的责任。1997年6月，当上海图书馆听说中科院某研究所由于经费短缺而不能续订一份高价期刊的时候，专门拨出20多万元为其订购，使该所的研究人员能够继续看到这份重要期刊。外文期刊订购协调会议一直坚持到现在，由于减少了副本，每年都可以用节省下的百万元左右资金或购买新刊，或填补出版物价格上涨而产生的缺额，基本确保上海地区每年拥有1万种左右新订外国期刊。上海图书馆（上海科技情报研究所）也与华东六省图书馆与情报所合作，每年编制《华东六省一市外文科技期刊订购联合目录》和《上海地区外文社科期刊订购联合目录》，并放在网上供广大读者查询。这些现刊联合目录为各图书馆和情报所开展文献传递业务提供了良好的条件。

为了提高外刊资源的利用率，中国科学院文献情报中心牵头编制了《全国中西日俄文期刊联合目录数据库》，收录27个省、市、自治区400家单位订购的外文期刊4万多种。该数据库已经成为中国科学院知识创新工程的一部分，改名为《全国期刊联合目录数据库》，分中文、西文、日文和俄文四个子库，学科范围覆盖数学、物理、化学、天文、地理、生命科学、农业、医药、信息科学、工业技术、社会科学等。

此外，在外文资源共建共享方面值得一提的有国家科技图书文献中心（NSTL）的外文印本期刊采购项目，通过这几年的集中采购，该中心已拥有印本外文文献 26 000 多种，其中外文期刊 17 000 多种，外文会议录等 8 000 多种（截至 2015 年 10 月），不仅确保了中央级科技情报部门的外文信息需求，而且还将部分订购的数据库向国内图书馆开放。

与此相对应的是分担保存计划。在美国波士顿，有一个被称为“新英格兰储存图书馆”（New England Deposit Library，NEDL）的联合书库，由该地区的哈佛大学、麻省理工学院、波士顿大学等合资兴建，储存不常用的书刊资料。此外，加州大学伯克莱分校与加州北部的其他大学合作，合资建造了一个新馆，储存各自的不常用资料。他们之间有一个约定，即所有资料不管原来属于哪个单位，只留 1 本，其余均不保留。[①]2000 年底，我参观了位于芝加哥的研究图书馆中心（Center for Research Libraries，CRL）合作典藏书库，该库藏书总计 500 万册，其中大部分藏书都来自各成员馆的不常用资料。

在美国政府出版物方面也有一个联邦典藏图书馆计划（Federal Depository Library Program）。截至 2009 年 6 月，有 1 239 所典藏图

① 胡述兆，吴祖善. 图书馆学导论. 台北：汉美图书有限公司，1991：510.

书馆分布在美国各行政区。典藏图书馆除了保存地方政府的历史档案外，还负责向民众提供政府出版物。每年有950万人使用这些出版物。[①]

我国图书馆界近年来开始关注合作储存的问题。一些学者撰文呼吁尽快建立联合储存图书馆。北京高校图书馆联盟于2009年提出进行BALIS（北京地区高校图书馆文献资源保障体系）联合储存图书馆可行性研究；2010年国家图书馆对建立国家战略文献储备库进行筹备规划等。这些意见和规划均有利于加快我国图书馆界分工收集、合作储存的步伐。[②]

馆藏纲要

馆藏纲要（Conspectus）曾经是图书馆界一个很热门的话题，它是描述各图书馆藏书水平和状态的工具。后来随着虚拟资源大量结合进图书馆活动之中，人们开始重新思考馆藏纲要在新环境下的作用以及更新的问题。

馆藏纲要由美国研究图书馆小组（Research Libraries Group）开发于20世纪80年代初。它依据美国国会图书馆分类表的主题排

① 程美群．美国联邦寄存图书馆计划及对我国的启示．图书馆学研究，2009（10）．［2013-03-16］．http://www.360doc.com/content/13/0316/18/4310958_271904025.shtml.

② 王本欣．共同治理——合作储存图书馆治理机制研究．图书馆论坛，2013（5）：1-5.

列，并根据内容深度将馆藏分为 6 个层次：0 为不收藏；1 为微量级；2 为基础级；3 为支援教学级；4 为研究级；5 为综合级，同时以代码记载收集资料的语种别等。实施馆藏纲要，不仅可以提高各馆馆藏分布和级别的知晓度，有利于统计调查，而且有利于规划未来馆藏资源的学科范围、馆藏深度，以及建立重点馆藏与规划合作发展。馆藏纲要推出后得到图书馆界热烈响应，美国研究图书馆协会（ARL）立即采用该体系开展北美藏书盘点项目（North American Collections Inventory Project），加拿大国家图书馆也在该国推广此应用，英国、欧洲各国以及澳大利亚也相继引进此方法。

为了推进澳大利亚图书馆之间的共知和共享，1989 年澳大利亚在馆藏合作的基础上，针对本国实际，在分布式全国藏书项目（Distributed National Collection，DNC）中实施馆藏纲要。DNC 位于澳大利亚国家图书馆内，其主要工作涉及藏书建设、书目控制、存取、保护和全国协调等。馆藏纲要的实施，为澳大利亚人更好地了解合作馆的馆藏结构、馆藏重点，以及有效开展馆际协作奠定了基础。据顾犇介绍，在馆藏纲要中设立了从 0 到 5 的层级，并以目前收藏水平（CL）、采访任务（AC）、收藏目标（GL）、保存任务（PC）衡量图书馆馆藏的状态。对每个图书馆而言，每一个主题上都有 CL、AC、GL、PC 相应的值。因此，图书馆可据此衡量本馆收藏开展的情况，其他图书馆也可以此作为采访工作的参考。①

---

① 顾犇．亚洲图书在澳大利亚．顾犇博士个人主页．2012-03-18. http://www. bengu. cn/homepage/paper/paper43. htm.

由于馆藏纲要手续繁杂，人力成本较高，1982 年有了网络版 Conspectus Online。1990 年代初，WLN（当时的西部图书馆网络，Western Library Network）开发了基于个人电脑的软件，使得图书馆能创建或维护地方的藏书评价数据库。OCLC 与 WLN 合并以后，这项服务得以继续发展。国际图联也于 2001 年发布了《使用馆藏纲要模式的馆藏发展政策指南》（*Guidelines for a Collection Development Policy using the Conspectus Model*），大力推进这一藏书评价模式。国内此类应用不多，华东师范大学图书馆曾于 1994 年根据馆藏纲要模式制定了大陆第一个藏书建设大纲，引起国内图书馆界关注。

当然馆藏纲要也有不少缺点，如对使用不同分类系统的图书馆难以适用、馆藏纲要所列的主题无法涵盖所有的图书馆馆藏、馆藏深度描述过于主观以及编制成本较高等。[①]

为了克服馆藏纲要的不足，德雷塞尔大学（Drexel University）的霍华德·韦特（Howard White）开发了一个简易测试方式（Brief Test Methodology）以替代馆藏纲要。田纳西大学（University of Tennessee at Knoxville）图书馆运用此方法对该馆以及与之合作的范德比特大学（Vanderbilt University）和肯塔基大学（University of Kentucky）的非洲艺术资源进行了藏书评价。该方法虽然基于研究图书馆小组开发的馆藏纲要，但方法更简便、更经济、更

---

① 邱子恒．合作馆藏发展．台北医学大学图书馆，2006. 2006-08-04. http://www. nchu. edu. tw/~gilis/Document/course/060804. pdf.

省时。[1]

由于馆藏纲要更适用于实体性资源的评估，而图书馆数字资源逐渐增多，而且越来越多的图书馆将数字资源和可获取资源纳入自己的服务体系，所以人们正在思考如何改善或创新藏书评价的方式，从过去的合作馆藏评价向更大范围并联网获取的方向发展，以适应不断变化的馆藏环境。

上海市中心图书馆

从1994年起上海市19家包括上海图书馆、大学图书馆、科研图书馆在内的研究图书馆发起成立了上海市文献资源共建共享协作网，开展了协作采购、通用阅览、教育培训等协作活动。协作网的成立恢复了20世纪80年代中止的外文期刊联合采购的工作，同时又通过颁发通用阅览证，使各馆资源向社会广大读者开放，提高了文献资源的利用率。更重要的是，大学和科研图书馆的大门从此有序地向社会开放，在资源共享的道路上迈开了关键的一步。2000年5月，在上海市政府的直接关心下，成立了由副市长任组长的上海市文献资源共建共享领导小组，下设办公室，挂靠在上海图书

① Jennifer Benedetto Beals. Assessing Library Collections using Brief Test Methodology. Electronic Journal of Academic and Special Librarianship，2006 (Winter)［2012-03-18］. http://southernlibrarianship. icaap. org/content/v07n03/beals_j01. htm.

馆。在第一次工作会议上，推出了上海市文献资源共建共享的三年计划，要求三年内各成员馆在联网的基础上，通过采购协调、文献服务、教育培训等各项协作，全面实现本市文献资源的共建共享。

从2001年起上海图书馆在市政府的推动下，又开展了中心图书馆计划，即建立由上海图书馆为总馆，市内各公共、大学和科研图书馆为分馆的地区文献资源的共建共享体系。从2001年5月起一年内，相继建立了黄浦区、静安区、南汇县、上海音乐学院、上海交通大学、松江区、华东师范大学、崇明县、杨浦区、闸北区以及普陀区等各个分馆，至2002年底，成员馆已经达到20家。2003年区县级图书馆都已加入中心图书馆，2009年底实现了街道和乡镇图书馆全覆盖，上海地区238家公共图书馆全部纳入了中心图书馆体系。区县、街镇图书馆加入中心图书馆不仅提升了分馆的业务质量和工作效率，而且办证量和借阅量也有很大提升。截至2015年10月，上海图书馆及上海市中心图书馆总办证人数已达310万，读者来源覆盖了全球100多个国家。2014年上海市中心图书馆总流通量更是达到5 500万册次。与此同时，上海市中心图书馆还建立了网上联合知识导航站、文献联合编目中心和文献物流体系。

近年来，上海市中心图书馆尝试在各分馆建立主题图书馆。虹口区曲阳电影资料主题馆、上海生命科学院的生命科学主题馆、复旦大学视觉艺术学院视觉艺术主题馆、黄浦区文庙儒家经典展示主题馆、长宁区中国之窗国际主题馆、杨浦区上海近代市政工业主题馆、浦东新区陆家嘴功能区金融主题馆、松江地方文献主题馆等相继建成。在21世纪第二个10年里，主题图书馆将进一步拓展，形成主题图书馆网络体系。

中心图书馆采取三种运行模式，其中公共图书馆模式主要特征是：实现借阅一卡通计划，即读者凭一张卡在各成员馆内实现图书资料的通借通还；研究图书馆模式的主要特征是：通过外文及网上资源的联网，提高研究性资源的利用效率；而专业图书馆模式主要是通过重组总馆和专业分馆的专业资源，建立专业资源的共建共享服务体系，如2002年底，上海图书馆与中国科学院生命科学研究院签约共建生命科学图书馆。中心图书馆计划对网络服务手段如网络和软硬件系统提出了更高的要求，改变了过去松散性协作的做法，真正实现了紧密型合作和共享，确立了“一城、一网、一卡、一系统”的网络体系。中心图书馆计划的真正意义在于，在全国尚未建立总馆/分馆体系的公共图书馆管理模式时，该计划实际上起到了试点作用和示范效果。同时，由于国际上目前还没有公共图书馆与大学及研究性图书馆实行紧密型共享的事例，该计划在资源的共建和共享方面具有创新和开拓性。

跨界合作

20世纪末英国不列颠图书馆（大英图书馆）发布的1993年至2000年战略规划中，将以前的“图书馆协作”章节改为“领导、伙伴和协作”，突出了“合作”（Partnership）的主题。[①] 2005—2007 年国际图联主席阿勒克斯·拜恩（Alex Byrne）的主席主题为“合作”（Partnership），他希望在全球层面唤起图书馆合作意识，改变多年来封闭保守的状态。2011—2013 年国际图联主席英格丽·帕伦特（Ingrid Parent）发布了“图书馆——推动变革的力量（Libraries – A force for change）”的主席主题，其四个分主题为包容、转型、创新与合作。从历届国际图联主席主题中不难发现，开放、合作和交流是最突出的三个关键词，代表着国际图书馆界发展的大趋势。实践证明，图书馆只有与其他相关机构加强合作和共享，才能更有效地达成自己的使命。

图书馆自身资源是相当有限的，必须有效活用社会各方面的资源。21 世纪初，新加坡国家图书馆局与国家邮政局合作，建立了一个现代化图书物流系统，使广大读者不仅可以在任何公共图书馆借书，而且还可以把看完的书投入遍布街头的邮筒或还书箱，大大方便了读者；既解决了邮政局物流系统的富余问题，又提升了图书馆的现代化服务。[②] 上海在开展文化共享工程的时候，与社区举办的信息苑合作，解决了硬件设施共享的问题，充分利用现有的信息基础设施，达到借船出海的效果。如果由图书馆自己来配备这些硬件资源的话，需要相当大的一笔开销，而且建成的也是封闭、专用的网络。在现有图书馆的工程项目中，这一类重复建设不在少数。图书

① 吴建中编著．战略思考：图书馆管理的 10 个热门话题．上海：上海科学技术文献出版社，2005：21-24.

② 吴建中．遍布街头巷尾的还书箱：新加坡邮政局与图书馆共建图书物流系统．建中读书．[EB/OL]．2013-02-20．http://www. wujianzhong. name/?p=138.

馆常常要利用一时之需的资源和设施，如果都要靠自己来配置的话，就会造成重复浪费。因此，与社会共享资源是解决这一问题的最佳方案。

“跨界合作”（crossover）原来指不同领域之间的合作，在音乐界和时尚界比较流行，其特点是让原本不相干的元素相互渗透和融合。这一概念带来的不仅是产品功能或设计上的创新，更反映了一种审美方式和生活态度。

图书馆也需要“跨界合作”。过去图书馆热衷于业界内的交流，如今更多的图书馆走向社会，与其他各界携手合作。合作为图书馆发展打开了视野。上海图书馆在21世纪初提出了“三个面向”的知识服务体系，不仅面向广大公众提供阅读服务，而且面向企事业部门、面向领导决策部门提供高层次的咨询研究服务，创新了知识服务与共享的模式。合作必须坚持平等互惠的原则，不是来自一方面的“慈善”或“救助”的行为，否则就会动摇正常合作的基础。

开放是激励创新发展的动力，交流是激发专业活力的前提，合作是激活社会资源的关键。开放、交流与合作的最大公约数是走出去。图书馆要转变观念，打破围墙，走向社会。图书馆是社会的知识共享空间，与其他文化机构相比，图书馆作为第三空间的功能更明显，社会关联度更突出。无论是社会机构、团体还是个人都需要信息和知识，作为信息和知识中心的图书馆在知识共同体中自然承担起中坚和协调的角色。因此，图书馆在做好自身业务的同时，应走出图书馆，加强与社会各界的互动交流与真诚合作，努力将图书馆打造成为社会信息共享和知识交流的公共平台。

第六章

服务：

向社区及家庭延伸

图书馆的活动舞台正在向社区以及家庭延伸，与社区结成紧密的联系，成为社区服务中的一环。当图书馆的活动不再局限于馆内的时候，其管理机制和活动方式必须调整，根据社区发展的总体需要进行规划和调节。图书馆的方针政策、业务内容和活动形式都要适应社区发展和变化的需要，以面向社区、面向市民的姿态开展图书馆的活动。在这种环境下，图书馆员始终会感到有一种压力，而正是这种压力和社会责任感，推动着图书馆不断地向前发展。

图书馆与社区

何谓社区？美国图书情报学家彭吉多尔（Verna L. Punjitore）认为，所谓社区，就是由一群具有个性特征、且相互联系的人组成的区域或团体。日本图书馆情报大学原副校长竹内悊教授的观点有独到之处，他提出了社区就是与阅读有关的生活圈这样一个命题。他认为，人们往往根据地区的规模和人数来决定图书馆的配套服务，比如设多少个地区分馆等，这是从整体来看局部的。现在倒过来，从社区居民本身的需要来看，图书馆是人们生存中不可缺少的，因为获取和利用信息以及知识是影响一个人成长的重要技能。通过这种从局部重新认识整体的方法，为将来构筑一个更有效的图书馆服务体系。人们通常从目的、功能和活动 3 个方面考察一个机构的作用。首先是设定的目标，然后是为实现这一目标所需要的功能，最后是为实现这些功能而开展的活动。现在，把这一顺序倒过来，即从活动到功能再到目的收缩，然后反问一下，为什么需要这一功能？何谓图书馆？一直收缩到根本的命题上。就是说以功能为中心不断地向下位概念，即活动Ⅱ、活动Ⅲ……展开，或者不断地向上位概念，即目的Ⅱ、目的Ⅲ……收缩，通过展开和收缩来充分揭示图书馆的地位和作用。

接着，竹内悊认为，图书馆是整个社区阅读机构的一个部分。社区的成员，无论是儿童还是老年人，都需要获得各种各样的信息和知识，以及有关人的活动、感受等的各种记录。这种动机可以说是人的好奇心，也可以说是人对学习的需求、对专业的需求、对日常生活的需求，以及终身学习的需求等。图书馆的任务就是根据这些需求，向每一个社区居民提供最合适的信息和知识。社区图书馆有各种类型，有为社区居民服务的公共图书馆，有社区内的中小学校图书馆，有志愿人员为提高儿童阅读兴趣而建立的儿童文库等。它们之间是相互联系、相互影响和相互合作的关系，在研究社区文化的时候，千万不能把它们孤立起来看待，要充分认识“每一个读者既是其母体的一员，又是图书馆以外的社区阅读机构的一员”这样一种双层的关系，只有这样才能更好地把握社区阅读的现状，更好地设计图书馆的服务。

最后，竹内悊提出图书馆员的职责应该是：

（1）创造一种人们乐于阅读的环境；

（2）创造人与书之间友好的界面；

（3）向社区贡献并发挥图书馆所具有的潜能；

（4）给下一代配备好他们生活所必需的资源。

他说："我们过去过分强调图书馆围墙内的工作，而常常忽视和社会上的人们一起工作。我们没有努力向社会展示图书馆员作为知识和信息宇宙领航员的作用与能力。从现在起，我们应该考虑如何让人们了解图书馆员在社会中的作用，以及如何去赢得他们的支持。我认为，图书馆员必须有长远的眼光，尽管图书馆目前服务的直接成果，要在20年以后才能表现出来，但我们要看得更远一些，要考虑到50年以后的未来。"①

日本在社区文化建设方面有许多值得我们借鉴的地方。20世纪70年代中期，日本政府在经济建设取得巨大成功以后，立即着手发展社区文化建设，1977年11月，颁布了《第三次全国综合开发计划》（简称《三全综》），改变了过去产业优先的发展政策，进行了社会发展的基础调整工作。该计划以"定居圈方案"为中心，力求建设自然环境、生活环境和生产环境协调一致的居民小区。该方案要求在定居圈内，人们既能够就近上班和上学、又能够享用各类生活文化和娱乐设施。定居圈方案也为图书馆建设描绘了蓝图，1980年底，全国选出了40个模范定居圈。以弘前圈为例，在图书馆设置方面，提出在居民徒步20分钟之内必须有一个图书馆，每月至少有2次以上的巡回送书服务。②《三全综》对图书馆来说之所以重要，是因为这一时代正是大规模重化工时代的结束，日本从经

① 参见《21世纪图书馆展望》（吴建中编著．上海：上海科学技术文献出版社，1996）中吴建中与竹内悊有关图书馆与社区部分的对话．

② 吴建中．近年来日本的图书馆事业迅速发展的原因．江苏图书馆工作，1983（2）：81．

济开发转向以提高国民生活水平为目标的社会开发。“定居圈方案”为公共图书馆合理布局和功能提升奠定了重要的基础。从《四全综》到《六全综》，[①] 日本的数次全国综合开发计划促进了经济文化环境的改善，对图书馆服务质量的提升起到了一定的效果。

日本在20世纪70至90年代公共图书馆事业快速发展，全国市（区）级图书馆的设置率从1970年的65%，上升到1995年的95%。但近十多年没有多大起色，现在市（区）图书馆设置率仍未达到100%。而且町村的图书馆设置率分别为48.3%和17.6%，基层图书馆建设进展缓慢。[②]

新加坡图书馆学专家萨巴拉特南（Julie Sabaratnam）根据新加坡的经验，指出图书馆需要建立一个密切的包括其他组织和社区在内的伙伴关系以发展图书馆规模。社区的领导应关心和指导当地图书馆的发展，使社区图书馆成为文化、教育、社区和商务的综合体，而不仅仅是建一栋图书馆大楼。这样，图书馆功能就融合在日常社区生活形态之中了。[③]

随着社会生活水平的提高，人们将更加重视生活质量，追求

① 《四全综》提出搞活区域经济，重新确立世界城市功能，创建安全、高质量的国土环境．《五全综》提出创造和建设多样化自然环境的居住地区，建设广域国际交流圈．《六全综》提出以“新公众”为支柱，建立“美丽安全”的国土，促进可持续发展．详细内容见：蔡玉梅．日本六次国土综合开发规划的演变及启示．蔡玉梅博客．http://blog. sina. com. cn/s/blog_4a6d400301009ff1. html．[2013-10-10]．

② 公共図書館．ウィキペディア．［2013-10-10］. http://ja. wikipedia. org/wiki/%E5%9B%B3%E6%9B%B8%E9%A4%A8#. E6. A6. 82. E8. A6. 81.

③ Julie Sabaratnam．规划未来的图书馆：新加坡的经验．跨世纪的图书情报之窗．上海：上海市图书馆学会，1997：75.

精神生活。因此，公共图书馆作为社区文化的一个组成部分，在人们日常生活中的作用将越来越突出。过去，社区文化工作的重心在数量的增长和硬件的建设上，缺乏文化设施规划的整体性，使得新建的和原有的设施都难以发挥应有的功能。今后，社区文化建设将从量的增加向质的建设转移，更加重视文化设施的布点、配套以及各种设施之间的协调发展。图书馆与文化馆、群艺馆、体育场（馆）、市民会馆、学校、书店之间，以及图书馆之间将携手合作，共同为社区居民提供文化设施和配套服务。程焕文说得好："社区没有图书馆的配套，是不完善的社区。在城市社区规划中不硬性规定图书馆（室）配套，是政策的一个盲点。"①

《公共图书馆服务发展指南》（中文版）（上海科学技术文献出版社，2002年）强调，图书馆最有效的宣传策略之一就是让见多识广的图书馆员工、图书馆委员或理事会成员一起参与社区活动，包括：

在广播电视上评论书与事；

与成年人和儿童文学以及文化团体一起工作；

给报纸撰写专栏文章；

支持扫盲组织与活动；

参加地方组织活动；

协助学校的各项创新活动；

参加地方史学会和家谱学会；

参加服务社团以及访问地方组织；

---

① 广州的图书馆喘着粗气喊老了. 图书馆，2002（5）：3.

宣传图书馆服务等。

同时它还要求：

> 图书馆主管人员必须确保社区了解图书馆的重要性，应当让市级、地区或国家级财政机构都能完全了解图书馆在整个社区的重要地位，并积极支持它的发展。[1]

社区图书馆是社区的心脏，公共图书馆常常被认为是区域社会的活力之源。[2] 图书馆与社区之间的关系是双向的，不仅图书馆要参与社区活动，社区也要积极支持图书馆工作。图书馆必须制定自己争取社区支持的政策和持久的服务项目，同时积极为社区发展出谋划策，利用自己的实体及虚拟平台，为社区居民提供各类公共服务信息，扮演社区揭示板和宣传栏的角色。尤其是遇到公共卫生安全等问题时，图书馆可以为公众提供各类科普信息和知识，发挥信息沟通的桥梁作用，为缓解和化解危机创造条件。

图书馆与学校

学校与图书馆是社会教育的两个轮子，学校注重的是系统

---

① 国际图联/联合国教科文组织．公共图书馆服务发展指南．上海：上海科学技术文献出版社，2002：93-94.

② Heart of the University. libnews. Loma Linda University. 2010-03-15. http://myllu. llu. edu/blogs/libnews/2010/03/15/heart-of-the-university/.

的知识教育，而图书馆为人们提供可选择的自我教育场所，是人们终身教育的社会大课堂。

在美国，公共图书馆与中小学之间已经形成了良好的合作机制。美国图书馆协会的三个分支协会即学校图书馆员协会（AASL）、青少年图书馆服务协会（YALSA）和图书馆儿童服务协会（ALSC）共同推出了一项“学校/公共图书馆合作计划”（School/Public Library Cooperative Programs），该项目致力于学校图书馆与公共图书馆之间的合作，为鉴定、推动和宣传有效率的合作项目搭建了一个重要平台。

2011年纽约市教育局（NYDOE）与纽约公共图书馆（New York Public Library）发起了一项图书馆与学校的合作计划（MyLibraryNYC），584所中小学校和50家纽约公共图书馆分馆参与

图6-1　MyLibraryNYC 主页

了第一期计划。2012年MyLibraryNYC范围扩大到400所中小学图书馆的23万名学生，可获取的资源总量达到1 700万册（件）。计划到2015年底，该市公立学校的110万名学生都能得到这一服务。2013年，皇后区图书馆（Queens Library）和布鲁克林公共图书馆（Brooklyn Public Library）以及该区域的207所学校图书馆也参与了进来。①

图书馆为学校教育服务通常有如下几种方式：

1. 为学校提供团体送书服务

日本图书馆研究会组织人员对日本关西地区的箕面、丰中、松原和枚方4个城市学校和公共图书馆之间的合作关系进行调查，发现凡是配置专业馆员的学校图书馆，与公共图书馆的联系都比较密切，而且从公共图书馆集体外借的数量也呈不断上升趋势；同时，凡是得到公共图书馆支持的学校图书馆，业务活动都比较出色。箕面市立图书馆还专门制定了为学校图书馆服务的细则：如长期外借，学校图书馆员可以到总馆、东图书馆和人文中心的图书馆书库，直接选取图书400册，借期为1年；短期外借，可以到各阅览室选取图书50册，借期为1个月；年级外借，可以到各图书馆书库或阅览室选取图书50册，借期为3个月，等等。② 美国纽约市皇后区开展“图书馆与学校联线计划”（Connecting Libraries and

---

① Marta Murvosh. Partners in Success：When school and public librarians join forces，kids win. 2013-10-10. http://www.slj. com/2013/01/programs/partners-in-success-when-school-and-public-librarians-join-forces-kids-win/.

② 清水理恵，土井陽子. 公共図書館と学校（図書館）の連携. 図書館界，48（6）：503-509.

Schools Project），让图书馆员走进学校，为学生、老师和家长办理图书证申请手续，并访问同学和老师，教他们如何利用图书馆的资源，举办阅读夏令营等活动。[①]

2. 与学校合作开展阅读辅导活动

香港市政局公共图书馆与星岛日报社“阳光校园”专栏联合举办“学生文化创作坊计划”，以中小学生为对象，开展培养学生文学爱好和写作兴趣的讲座活动，邀请文学专家和教师上课并进行文学辅导。该计划分小学生文学创作坊、中学生文学创作坊、中学生小说创作坊、中学生散文创作坊、中学生新诗创作坊等。[②] 同时，该馆还与香港学校图书馆协会合作，开展“课外阅读计划”，培养学生的阅读兴趣，提供分享阅读心得的机会。该计划分4组：小学组、初中组、高中组和有家长一起参加的家庭组。经过交流评选后，对成绩优良的学生颁发奖状。[③]

3. 学校图书馆向社区居民开放图书馆设施

社区的教育设施向当地居民开放，已经成为社区建设的国际发展趋势。今天，社区范围内的各类学校图书馆向当地居民开放也已经相当普遍。早在1969年，日本神户的2所中小学就向社区开放，20世纪80年代在全国得到广泛普及。[④]

---

① 于钱宁娜．公立图书馆在21世纪扮演的角色．见：21世纪公共图书馆馆长论坛．北京：中央文献出版社，2000：377.

② 见：http://www. usd. gov. hk/CE/Library/stu_art. htm.

③ 见：http://www. usd. gov. hk/CE/Library/c_read1. htm.

④ 竹内悊．コミュニティーと図書館．東京：雄山閣出版，1995：187.

4. 公共图书馆与学校图书馆进行资源共享，优势互补

20世纪90年代，上海市延安中学图书馆与江苏街道图书馆为了解决购书经费的不足，两家决定合作办馆，共享资源。由于学校师生利用图书馆的时间往往在白天，而居民喜欢晚上到这里来看书，这两个群体都互相避开了对方的借阅高峰，使图书馆书刊资源真正做到了物尽其用、资源共享。上海地区已有不少中小学图书馆开始向当地居民开放，如2007年，上海市建平实验学校的图书馆与有15万人口的浦东新区金杨社区的图书馆合二为一，走上了图书馆联盟即图书资源共享之路。联盟后读者的数量由2006年的147 260人次增加到2007年的162 674人次。①

图书馆与家庭

家庭是社会生活的细胞，很多图书馆都非常重视为家庭提供服务，并将此列为图书馆延伸性服务的重要内容。

1. 图书邮寄（Books by Mail）服务

图书馆应采取积极的姿态和有效的方式为家庭提供各种信息服务，如送书上门。在美国很多图书馆开展图书邮寄服务，如纽约公共图书馆对那些无法来馆的老年人或残疾人实行免费的邮寄图书业

① 史美庭．浅谈走社区图书与学校图书资源共享之路．中小学图书馆与阅读网．2013-10-11. http://co-library. com/Item/756. aspx.

务。但获得此项服务的必须是无法离家来馆的读者，而且需要有医生、护士或社会工作者的证明。邮寄或归还图书均使用图书馆预付邮资的专用邮包。[①]

2. 巡回送书服务

巡回送书是图书馆最常见的服务方式。一方面通过流动书车将书送到距离图书馆较远的居民区，另一方面配备专人为读者送书上门。国际上知名的流动图书馆有挪威的流动书船、印度尼西亚的流动脚踏车、津巴布韦的流动驴车、肯尼亚的流动骆驼等，[②] 他们通过各种各样的交通工具为读者提供巡回送书服务。

广东省于2003年启动了流动图书馆项目。广东流动图书馆的特点是利用现代物流理念，将有限的图书资源无限流动起来，达到效益最大化。广东省财政每年拨出500万元专项经费，由广东省立中山图书馆牵头，选定符合条件的县级图书馆设立分馆，为分馆购置1.2万册图书，各分馆每半年将图书相互交换一次，使这些图书“像活水一样”，不断在各分馆之间循环流动，为更多读者所共享。[③]2003年启动时仅3个分馆，到2013年10月已达77个，10年内阅览总人次累计达到8 796万，外借总册次610万，咨询总件数69万。[④] 流动分馆的读者可免费获取广东数字图书馆的信息资料。

---

① Books by Mail. New York Public Library. 2013-10-11.www.nypl.orgoutreach//help/community-services-for-persons-with-disabilities/books-by-mail.

② 国际图联 / 联合国教科文组织．公共图书馆服务发展指南．上海：上海科学技术文献出版社，2002：37.

③ 翟江玲．广东“流动图书馆”走进第十个春天．中国社会科学报，2013-03-01.

④ 根据广东省立中山图书馆网站流动图书馆信息综合统计．统计时间：2013-10-12.

3. 社区与家庭文库

在日本，20世纪60年代末流行文库活动，当时主要目的是为儿童创造良好的读书环境，鼓励儿童多读书、读好书。根据文库的形式和场所，大致可以分为2种类型，即将私人书房对外开放的"家庭文库"，和几个人合作在社区的会议室或者公共设施的一角开设的"社区文库"。据说当初这种文库活动相当受欢迎，在一个10平方米左右的小小家庭文库里，经常会有十几个儿童聚在一起读书学习，很多地方还成立了地区性儿童文库联络会或协会之类的组织。根据1993年调查，这类文库在日本全国各地至少有4 000个。[①]2010年5月至6月，汐崎顺子做了一个全国性的统计，回收的528份资料（回收率45%）统计表明，家庭文库占46%，社区文库占54%。每一文库的平均藏书为2 700册，比1993年时多700册。除了借阅外，80%的文库还举行故事会等交流活动，70%组织圣诞聚会等节日活动。[②]

4. 家庭读书活动

为推广家庭读书活动，上海的公共图书馆从1990年起组织家庭读书活动，1991年由市文化局、市妇联和市新闻出版局等单位发起成立了市家庭读书指导委员会，有计划地在全市开展家庭读书活动。1996年全市各街道乡镇评选读书乐之家，各区县评选优

---

① 竹内悊編集．図書館の目指すもの．東京：日本図書館協会，1997：18.

② 汐崎顺子．日本における文庫活動の現状．日本図書館情報学会．2012-11-17. http://www. jslis. jp/aboutus/ShioszakiJ_20121117_JSLIS. pdf#search='%E5%AE%B6%E5%BA%AD%E6%96%87%E5%BA%93+%E6%97%A5%E6%9C%AC'.

秀家庭读书户。1997 年又在此基础上评选出上海市百家读书活动示范户。[①] 至 2001 年全市已有 50 余万户达到家庭藏书 100 册以上、每年至少订阅 2 种以上报刊的读书家庭标准。各街道图书馆组织开展的各类家庭读书活动累计达 3 万多次，吸引了近 300 万市民参加。[②] 近年来，上海开展创建学习型家庭活动，根据《文汇报》2013 年 4 月 8 日报道，上海有市级学习型家庭 2 100 户，91% 的家庭能做到“每天学习 1 小时以上”，88% 的家庭能做到“书报、网络信息等学习投入占家庭总收入的 3% 以上”。

在美国，得克萨斯州、俄克拉荷马州、路易斯安那州和墨西哥州等地开展有“农村家庭识字计划”。该计划不仅开展扫盲工作，而且指导人们如何适应社会文化环境，组织生活辅导、家庭教育、就业咨询等活动。此外，美国有一种“在家上学”（Home Schooling），即学生可以在家里上课，完成义务教育，家访的教师必须拥有教育委员会颁发的资格证书，[③] 公共图书馆和学校图书馆则对这种形式的教育提供帮助和辅导。据说美国 2010 年有 200 万在家受教育的学生，每年以 2%—8% 的速度增长，占整个在校学生的 4%。[④] 这批学生最需要公共图书馆的服务，为此，2008 年

---

① 上海市家庭读书活动指导委员会办公室编. 读书风采录. 上海：上海市家庭读书指导委员会，1997：1.

② 上海市公共图书馆建设学习型家庭现场交流会. 上海文化年鉴（2002）. 上海：上海文化年鉴编辑部，2002：116.

③ 竹内悊編集. 図書館の目指すもの. 東京：日本図書館協会，1997：34.

④ Abby Johnson. Children educated at home can help make a library more fantastic. American Libraries . http://www. americanlibrariesmagazine. org/article/make-room-homeschoolers.［2013-10-12］.

美国图书馆协会出版了一本由福内斯（Adrienne Furness）撰写的《图书馆服务于在家上学的学生》（*Helping Homeschoolers in the Library*）。在美国，有 6 千多个地区公共图书馆系统配置至少一名阅读辅导馆员。①

新加坡国家图书馆局重视阅读推广工作，专门设立了阅读推广处。2001 年该处发起新生儿阅读计划，做了近 4 万个阅读包发给新妈妈。2004 年发起儿童启蒙阅读计划，至今已累计有 790 个读书俱乐部，吸引了超过 2 万名儿童参与。2005 年该处又发起“读吧，新加坡”计划，并成立了近百个读书俱乐部，其中有出租车司机读书会、理发师读书会等，这些读书会每个月都举行活动。②

全民读书

1972 年联合国教科文组织出版的《学会生存》（*Learning to be*）一书，号召人类努力创造一个学习化社会。该书指出，所谓学习化社会，是“一个教育与社会、政治及经济组织（包括家庭和公民生

---

① 所谓地区公共图书馆系统，即指由中央馆和分馆组成的地区公共图书馆系统．在美国共有 8 929 个地区公共图书馆系统．见：《図書館の目指すもの》第 14 页．

② 吴建中．阅读推广大使高丽莲．建中读书．2013-08-22．http://www.wujianzhong.name/?p=2228.

活）密切交织的过程。这就是说，每个公民享有如下权利：在任何情况下自由地取得学习、训练和培养自己的各种手段，学会自我实现，学会将自己置于社会最适合的位置。”[①]

学习化社会强调了这样一种变化：即在未来教育中，教学活动让位于学习活动。从教育活动中的客体，变为学习活动中的主体，受教育者成为获取知识的主动者，而不是传统教育中那种消极的知识接受者。[②]美国未来学家托夫勒（A. Toffler）说得好：“未来的文盲不再是不识字的人，而是没有学会学习的人。”[③]

在全球层面有两项与图书有关的纪念日：一是世界图书日，一是国际儿童图书日。

联合国教科文组织从1996年起，把每年的4月23日定为“世界图书日”，全名为“世界图书与版权日”（World Book and Copyright Day）。它源于中世纪加泰罗尼亚的一种传统活动。自1923年起，这种传统活动便成为一种供奉图书的风俗。4月23日是加泰罗尼亚地区守护神圣·乔治（Saint George）的复活日，更重要的是，这一天也是莎士比亚（W. Shakespare）、塞万提斯（Miguel de Cervantes）和加尔西拉索·维加（Garcilaso de la Vega）3位世界大文豪逝世的纪念日。因此，每年的4月23日，西班牙人用特别的方式（互赠书籍和玫瑰）来庆祝这个日子。这一天在加泰罗尼亚，到处可以见到男士手挟女友赠送的书籍、女子手捧男友

①，② 夏侯炳等. 图书馆社会教育学. 南昌：江西教育出版社，1997：100–101.

③ 宗秋荣. 终身学习与家庭教育. 教育研究，1998（8）：54–59.

赠送的玫瑰花，携手漫步在飘逸着书香与花香的街头。互赠书籍和玫瑰成了图书日的传统习惯。1996年4月23日，是庆祝世界图书与版权日的第一年。当日，联合国教科文组织总干事费德里科·马约尔（Federico Mayor）发表了一项声明，强调图书作为传播知识、信息、思想的手段所具有的不可替代的作用。①

每年的4月2日是国际儿童图书日。4月2日是丹麦童话大师安徒生的诞辰日，1967年国际儿童读物联盟（IBBY）把这一天确定为"国际儿童图书日"（International Children's Book Day），以唤起人们对于读书的热爱和对儿童图书的关注。国际儿童读物联盟有70个国家分会，每年选定一个国家分会主办"国际儿童图书日"，由其确定当年的活动主题，并邀请本国一名作家和一名插图画家分别为全世界儿童写一篇短文、设计一份海报，以促进阅读。2013年"国际儿童图书日"由美国主办，其主题是"全球书籍之乐"（Bookjoy Around the World）；②2014年由爱尔兰主办，主题是"故事中民族想象"（Imagine Nations through Story）；2015年由阿联酋主办，主题是"众多文化，一个故事"（Many Cultures One Story）。1986年，中国正式宣布加入这一组织，中国分会于1990年6月在北京成立。

我国没有读书日，但有各式各样的读书节、读书月、读书周、阅读日等活动。为了推广全民阅读，2006年在中宣部、中央文明

---

① 于平安. 世界图书与版权日. 人民日报，1998-04-26（3）.

② Wendy Stephens. News from the U.S. Board on Books for Young People. AASL. 2013-01-08. http://www.aasl.ala.org/aaslblog/?p=3385.

办、新闻出版总署等 11 部委倡导下开展“全民阅读工程”，并在新闻出版总署成立全民阅读组织协调办公室，以推动全民阅读活动。据不完全统计，全国 34 个省、自治区、直辖市都有属于本地区的读书活动，约有 400 多个城市开展了丰富多彩的读书活动，各种具体读书活动项目有 3 000 多个，诸多地方政府将全民阅读活动作为城市文化名片来进行打造。① 从 2014 年起，全民阅读正式写入《政府工作报告》，体现了国家对全民阅读的高度重视。

根据中国新闻出版研究院发布的第十二次全国国民阅读调查数据，2014 年我国 18—70 周岁国民人均纸质书阅读量为 4.56 本。② 与国外相比，据《人民日报》（海外版）2012 年 12 月 24 日报道，美国 2007 年人均读书 4 本左右，除一本书没有读过的人外，受访者人均年读书数量为 7 本；法国 2005 年人均读书 8.4 本；日本 2006 年人年均读书 8.4 本；韩国 2010 年人均读书 10.8 本。

很多国家都开展以推广阅读为重点的图书馆周活动。美国每年 4 月的第 2 个完整周举行“全国图书馆周”。20 世纪 50 年代初，有调查表明美国人听广播的时间比读书的时间还多。为了吸引更多的人阅读，美国图书馆协会与美国书商协会联合组织了一个非营利市民团体——全美图书委员会，1958 年发起组织了“全国图书馆周”；1974 年起，该活动由美国图书馆协会单独组织。为了推动政

---

① 徐升国．中国人均读书世界最少？中外阅读差距没那么大——兼对一则网媒报道中两组数据的订正．人民日报（海外版），2012-12-24.

② 息慧娇．第十二次全国国民阅读调查数据在京发布．2015-04-20. http://www.chuban.cc/yw/201504/t20150420_165698.html.

府对图书馆事业的支持，美国的图书馆员非常重视向政治家做宣传工作。他们利用图书馆周的机会，到首都华盛顿向国会议员游说图书馆的重要性。这一做法是很有成效的，它促成了“全美图书馆与情报服务委员会”的建立。该委员会的委员由美国总统任命，向总统和国会议员提供有关图书馆发展政策和计划的决策咨询。2013年4月14日至20日举行的全国图书馆周的主题是“图书馆以社区为重”（Communities Matter @ Your Library），吸引更多的美国人走进图书馆，通过阅读发现新世界。根据美国图书馆协会网站报道，2016年4月10日至16日全国图书馆周的主题是“图书馆转型”（Libraries Transform）。①

中国文化部从1989年起每年5月的最后一周，在全国范围内开展图书馆服务宣传周活动。这种有组织、有准备地集中于同一时间在全国范围内开展图书馆宣传活动，是新中国成立后公共图书馆界的一个创举。每年开展这项活动都有一个主题，由文化部社会文化司确定。各地公共图书馆围绕主题，结合本地或本馆的实际情况，开展各种丰富多彩的宣传活动，如举办展览会、报告会、座谈会、信息发布会、知识讲座、业务咨询等。有些地区的高校、科研以及企业图书馆也参与举办图书馆服务宣传周活动。2015年5月25日至31日，第27个全国图书馆服务宣传周的主题是“履行图书馆职能，促进全民阅读，建设书香社会”。

---

① ALA. Celebrate National Library Week. 2015-11-01. http://www.ala.org/conferencesevents/celebrationweeks/natlibraryweek/.

在地理位置上接近读者

图书馆吸引读者的方式之一是从地理位置上拉近与读者的距离。日本总理府于1989年6月，对3 000名15岁以上的成人进行了“关于阅读与公共图书馆的舆论调查”。① 抽样调查表明，在全国15岁以上的成人中，利用公共图书馆的还不到总数的五分之一。在被问及为什么不利用图书馆的理由时，回答顺序是：

（1）到图书馆去感到比较麻烦（37.5%）；

（2）附近没有公共图书馆（37.1%）；

（3）自己买书来看（25%）；

（4）开馆时间内去不了（22.4%）等。

根据有关调研，图书馆距离居民住所的限度为700米到1公里。也就是说，如果步行到图书馆的时间为10分钟以内的话，人们到图书馆去就会感到很方便；超过了这个距离，读者人数自然会相应减少。②

各国在公共图书馆设置和建设上一般都有标准和规范，但需要强调的是，现在国际上不太强调具体的设置标准，而是更加注

① 竹内悊．コミュニティーと図書館．東京：雄山閣出版，1995：43-44.
② 中村初雄．新しい図書館．東京：日本図書館協会，1978：25-26.

重基于产出的评价，因为每一个社区图书馆的环境是不一样的。[①]比如在图书馆为多元族群服务的标准方面，1987年，国际图联发表的《多文化社会：图书馆服务方针》（*Multicultural Communities: Guidelines for Library Service*），有"只要有300人以上的少数群体就应该得到与多数群体同等的服务"[②]的提法，而在2009年出版的第三版中就删除了具体的数字。

1. 设置依据

国际图联/联合国教科文组织的《公共图书馆宣言》（*Public Library Manifesto*）和《公共图书馆服务：国际图联/联合国教科文组织发展指南》（*The Public Library Service: the IFLA/UNESCO Guidelines for Development*）是国际上有关公共图书馆理念和目标的2个指导性文件，各国根据自己的特点制定符合本国实际的相关标准。美国政府于1997年颁布了《图书馆服务与技术法》（*LSTA: Library Services and Technology Act*），该法的目的主要有2点：

（1）促进图书馆之间以及与教育性机构之间的网络化建设；

（2）对享受不到图书馆服务的人，特别是对贫困家庭中17岁以下的少年儿童提供图书馆和信息服务。

该法还鼓励公共图书馆与博物馆合作举办社会教育活动，因此有人称该法为网络时代公共图书馆与博物馆的新服务法。[③]

---

① ALA. Public Library Standards. 2013-10-12. http://wikis. ala. org/professionaltips/index. php/Public_Library_Standards.

② 深井耀子．多文化社会の図書館サービス：カナダ·北欧の経験．東京：青木書店，1993：3-4.

③ 塩見昇．図書館概論．東京：日本図書館協会，1998：221.

2. 设置密度

根据国际图联颁布的《公共图书馆标准（1973 年 /1977 年）》，每 5 万人应有 1 所公共图书馆。[①] 1997 年 7 月，英国文化、传媒和体育部图书馆情报委员会提交的《新的图书馆：人民的网络》的研究报告中说，英国有 4 759 所公共图书馆，平均每 12 269 人有 1 所图书馆。英国最近 10 年内公布的数据一般都在 1.2 万 ~ 1.4 万之间，变化不大。据美国图书馆协会编辑的《今日图书馆》（*Libraries Today*，1995 年）统计，美国有 15 946 所公共图书馆，平均每 1.6 万人有 1 所图书馆，到了 2010 年，美国共有 17 078 所公共图书馆，平均每 1.7 万人有 1 所图书馆[②]。据日本 1996 年出版的《日本图书馆统计与名录》统计，日本有 2 336 所公共图书馆，每 53 363 人有 1 所图书馆；根据 2013 年 2 月日本图书馆协会发表的统计，日本每 40 485 人有 1 所图书馆[③]。这几年发达国家公共图书馆设施建设没有多大变化，随着这些国家公共财政的紧缩，反而会呈逐步减少的趋势。

在中国，2000 年底有县以上公共图书馆 2 677 所。[④] 文化部在《2000 年的中国文化》发展战略中提出每 20 万人拥有 1 所图书馆网点的目标，基本上做到县县都有图书馆。[⑤] 2014 年底，全国县以上独立

---

① 李明华．信息交流与现代图书馆系统．北京：书目文献出版社，1996：311.

② 吴建中．美国到底有多少公共图书馆？建中读书．2013-05-06. http://www.wujianzhong.name/?p=2072.

③ 吴建中．日本公共图书馆统计．建中读书．2013-02-20. http://www.wujianzhong.name/?p=1998.

④ 引自：中国图书馆大全·序言．北京：中国标准出版社，2002.

⑤ 周小璞．我国图书馆事业发展现状与今后工作的思路．中国图书馆学会工作通讯，1997（4-5）：26.

建制的公共图书馆已达 3 117 个。[①] 但根据 2013 年 4 月有关专家披露的数据，我国目前每 44 万人仅 1 所公共图书馆。[②] 上海共有 238 所公共图书馆，按第六次全国人口普查数据、上海 2 300 万常住人口来计算，平均每 9.7 万人拥有 1 所图书馆。但是，不少街道、乡镇图书馆的设施和馆藏规模都比较小，相当一部分还不到 5 万册，总体上与发达国家公共图书馆设置的密度相差甚远。当然这里还有一个统计口径的问题，比如我们是按县级以上来统计全国公共图书馆数量的，根据国家统计局公布的 2011 年上海市公共图书馆机构数是 25，[③] 如果按 2 300 万人口来计算，上海每 92 万人才有 1 所公共图书馆，与实际情况相差甚远。当然从总体上看，虽然我国基本实现了县县有图书馆的目标，但图书馆发展速度仍难以跟上人口和经济的增长速度。

3. 设置网点

中国（大陆）的公共图书馆体制与国外的不同，省、市、区、县、街道或者乡镇图书馆分别是由与之相应的各级政府文化主管部门设立的。各级图书馆之间没有直接的行政隶属关系，图书馆之间或者上下级图书馆之间一般只是协作协调或者业务辅导的关系，因此没有总馆与分馆的概念。在国外，一般由中央馆、分馆以及流动图书馆

---

① 雒树刚．国务院关于公共文化服务体系建设工作情况的报告——2015 年 4 月 22 日在第十二届全国人民代表大会常务委员会第十四次会议上。2015-04-23. http://www. npc. gov. cn/npc/xinwen/2015-04/23/content_1934246. htm.

② 史靖．我国图书馆界第一份综合性蓝皮书面世　全面总结发展现状．新华网．2013-04-27. http://news. xinhuanet. com/book/2013-04/27/c_124642193. htm.

③ 根据国家统计局网站查阅到的数据．2013-10-12. http://data. stats. gov. cn/workspace/index; jsessionid=8E98302B281295845B0E4293C004AF68?m=fsnd.

构成一个地区的图书馆系统（美国人把它叫行政体），由中央图书馆负责管理所有下属各级图书馆。在日本，公共图书馆系统分为4个层次：即总馆、分馆、图书站（日本人叫停本所）、流动图书馆。《神奈川县图书馆区域计划（1970年）》提出在上述4个层次的基础上，再增加第5个层次，即配书点（日本人叫配本所）。总馆的服务区域为半径1至1.5公里；分馆的服务人口一般为1万人以上，服务区域为半径0.8至1.2公里；图书站的服务人口一般为1万人以下，多数设在人口较集中的地方，如厂区、新村以及街角等，服务区域为徒步10分钟以内，半径500至700米；流动图书馆的服务半径为500米以内为宜，对于流动车难以停靠的地方，可以采用在某一个地方设点，不定期地送书上门，其服务半径也以500米以内为宜。[①]《公共图书馆服务发展指南》（中文版，上海科学技术文献出版社，2002年）指出："公共图书馆服务点的设置必须尽可能方便社区的居民，如果可能的话，应当位于交通网络中心点附近和靠近社区活动的地方，例如商店、商务中心和文化中心等。一些公共图书馆也可以和其他服务机构共同利用一幢建筑，如艺术中心、博物馆、美术馆、社区中心和体育设施等，这样有助于吸引读者，节省资金，提高效益。"它还建议"服务点可以设在一目了然的地方，人们靠步行、公共交通或私人汽车就能到达。在比较发达的市区和郊区，公共图书馆应设置在15分钟车程之内"。[②] 日本有一个著名的个人网站"东京图书馆制霸！"，列出

① 中村初雄．新しい図書館．東京：日本図書館協会，1978：44-46.

② 国际图联/联合国教科文组织．公共图书馆服务发展指南．上海：上海科学技术文献出版社，2002：47.

了东京23区图书馆服务半径的数据。在东京共有261所公共图书馆，按照23区总面积617.18平方公里计算，每馆服务面积为2.36平方公里，每个馆的覆盖半径是868米，徒步13.02分就能达到。在所有区图书馆中，排在第一位的是文京区，有11所图书馆，每个馆的服务半径平均为570米，徒步8.58分钟可到达一个图书馆；而最末位的是江户川区，有12所图书馆，服务半径平均1.15公里，徒步17.25分即可，最多也不过20分钟。[①]

在我国，住房和城乡建设部、国土资源部、文化部批准发布的《公共图书馆建设用地指标》规定，大型图书馆以读者乘公交或骑车60分钟（含等候与换乘时间）可以到达为宜，其服务半径为9公里；中型图书馆以30分钟为宜，其服务半径为6.5公里；小型图书馆以20分钟可以到达为宜，其服务半径为2.5公里。但住房和城乡建设部、国家发改委批准发布的《公共图书馆建设标准》没有具体提到服务半径的问题，因为它主要涉及县以上公共图书馆建设。各地根据区域实际自行确定公共图书馆的规模及服务半径，但一般都只到区县一级，如杭州市出台的《杭州市城市规划公共服务设施基本配套规定》中，确定区级公共图书馆服务半径不大于4 000米，但每个区不少于1所。乡镇图书馆一般都与其他文化设施综合考虑。文化部2009年颁布的《乡镇综合文化站管理办法》把公共图书馆或阅览室纳入乡镇综合文化站内，符合中国的国情。

---

① 図書館数・密度ランキング. 東京図書館制覇!. 2013-10-10. http://tokyo-toshokan.net/00000590. htm.

4. 设置地点

选址的原则是为地区居民利用图书馆提供方便，重点应考虑：

（1）口密度高的地区；

（2）车站、商业街等居民日常生活的中心地区；

（3）交通方便且容易集中的地区。

国际图联曾经制定过有关标准，建议大城市的中央图书馆应设在文化设施集中的地区；中小城市的中央图书馆应设在城市的中心区；小城市的公共图书馆则应设在人流量较大的地方。[①] 选址对图书馆利用有着很大的影响。在江苏苏北地区，有一个县图书馆原设在县城的中心地区，在未建新馆时，每天到馆读者有100多人；1980年代在远离县城中心的地区盖了新馆，由于地理位置偏僻，每天来馆的人仅十几人，结果造成工作人员人数比读者人数还要多。[②]

在开放时间上留住读者

上海图书馆在1996年新馆开放之前就打出了“365天，天天开放”的口号。根据《上海市公共图书馆管理办法》第26条，市级图书馆每周开放时间应当为70小时以上，同时，市和区（县）图书馆应当每天（包括节假日）向读者开放。上海图书馆的实际开

①，② 刘勇定，徐蓓蓓. 论公共图书馆的地理位置. 江苏图书馆学报，1998（1）：33-34.

放时间已大大超过上述规定时间，而且确保每一个节假日都向读者开放。目前在全国实行每周超过70小时开放时间和节假日开放的省市级图书馆已不在少数。

相反，在国外大部分公共图书馆的开放时间达不到上述要求，至少节假日对外开放是很难做到的，这里还牵涉到劳动法规的问题。国外大多数图书馆每周闭馆1天，如日本的县立图书馆一般都是在周一闭馆，双休日开放，同时节假日也对外开放，但往往是节假日后的第二天实行闭馆。而东京都立图书馆每月闭馆1天，另外每月2天为设备等维护日。国外大部分图书馆在年末和年初的几天里实行闭馆，如东京都立图书馆每年的12月28日至1月4日闭馆。原鹿特丹市图书馆馆长舒茨（P. J. Schoots）曾经半开玩笑地说，如果他的图书馆也能够做到像上海图书馆一样天天开放的话，那么他可以竞争当选鹿特丹市长了。

在大学里，图书馆开放时间一般都比较长，比如上海的几所大学图书馆晚上一直开到10时。在日本，有不少大学图书馆为适应现代学生作息时间的变化，延长开放时间。据日本图书馆协会图书馆调查委员会的调查，大部分大学图书馆开放到晚上8时，有4所图书馆一直开到晚上24时。[①] 在英国，一些大学图书馆将部分馆舍实行24小时开放，如牛津（Oxford）、剑桥（Cambridge）、伦敦政治经济学院（London School of Economics）等。[②] 还有一些争取到

① 见：図書館雑誌，91（2）：126.

② Launch of “Library 24” campaign. 2012-11-06. http://www.ruconservative.com/2012/11/launch-of-library-24-campaign/.

考试期间 24 小时开放，如斯旺西大学（Swansea University）的学生联合签名，呼吁校方在考试期间图书馆开放 24 小时，考试结束以后再恢复正常开放时间。[①]

在日本，有一个开放 24 小时的图书馆。[②] 长野县最东端与山梨县、群马县、埼玉县交界的地方，有一个仅 4 800 人口的小山村——川上村。该村有一个与文化中心合办的图书馆，于 1995 年 10 月对外开放。除拥有 5 000 册藏书外，还有数百盒录音录像带。该馆虽小，但很有特色，24 小时日夜开放。据说开设的原因，是为了满足由于农忙季节劳动时间不规则而错过开放时间的农民，特别是那些开始适应城市生活的青年人。这个“24 小时图书馆”占有整个图书馆（378 平方米）面积的一部分（23 平方米），正常开馆时间为上午 9 时至下午 5 时。读者有 2 种证件，平时用一般读者证，正常开馆时间以外，需凭附有密码的特殊读者证，类似 24 小时开放的自动取款银行。晚上无人管理，但有与安保公司连接的内部通信设施。图书和录像资料的外借手续由自动外借机自动进行，由于操作简单，4 至 5 岁的儿童也会使用。门口有防盗系统，如果没有办理外借手续，防盗系统就会自动报警。馆员每天早晨将外借数据输送到电脑上，然后送到主机上自动更新。1996 年度该馆外借总数为 4 万多册，“24 小时图书馆”开馆 349 天，外借图书

---

① 24 Hour Library Campaign in Swansea University for January + Summer Exams. 2013-10-13. http://profileengine.com/groups/profile/423169549/24-hour-library-campaign-in-swansea-university-for-january-summer-exams.

② 见：図書館雑誌，91（8）：634.

1 631册，外借录像带7 187盒，可见图书馆受欢迎的程度。日本山口县须佐町也有一个24小时开馆的“学习馆”，为了让忙于打鱼的渔民能在空余的时间看书，该馆设置了自动借书设备，便于读者在闭馆后借书。①

在美国的俄勒冈州的一个叫蓝江（Blue River）的小镇，只有300名居民。那里有一家一年到头从不闭门的私人图书馆。任何人都可以走进图书馆去阅览或借书。借书时只要在一张卡片上签名，然后把它留在桌上就可以了。该图书馆的创办人是81岁高龄的奥布赖恩（F. O’Brien），她说一个人应该在他喜欢看书的时候就有书看。在她的精神鼓舞下，奥布赖恩得到了5位志愿者的帮助。这些志愿者每逢星期三就来到图书馆，整理不断送来的新书，或修补旧书，并把送还的书放回书架上。据说，很多附近的居民或旅游者常常慕名而来，很多人都被奥布赖恩的精神所感动，常常会赠送一些图书，支持这个日夜开放的私立图书馆。奥布赖恩说，游客往往会把书带回家，但他们总会寄回来，而且会多附寄一两本书给我们。②

大连曾经有一个24小时图书馆。大连图书馆鲁迅分馆是大连图书馆旧馆，新馆刚开放时改为日本文献分馆，后来经过重新调整布局，开设了拥有各类中外文献及多媒体阅览室的综合性图书馆。该馆实行24小时昼夜开放，大大方便了白天没有时间跑图书馆的

① 山田博文. 24時間貸し出し中. 2013-10-13. http://www.asyura2.com/0601/bd45/msg/934.html.

② 日夜开放的图书馆. 交流（*Dialogue*），1987（3）：39.

图 6–2　张家港市金塘社区 24 小时图书馆

读者，深受大连广大市民的称赞。[①] 东莞图书馆有一个“国内率先实行全年无休 24 小时开放”的自助图书馆，它位于东莞图书馆的南门口，占地 110 多平方米，拥有馆藏图书近 2 万册，并安设了舒适的沙发供读者阅览休息。[②] 2013 年上海嘉定区图书馆也设立了一个 24 小时开放的自助图书馆。江苏省张家港市建立了 20 几家 24 小时图书馆驿站，有的设立在公园，有的设立在社区，这些小型无

① 周珊. 大连可以二十四小时泡图书馆. 中华读书报，2001-06-13. http://www.gmw.cn/01ds/2001-06/13/02-62A98967D38B174D48256A690081163F.htm.

② 图谋博客. 形形色色的图书馆 24 小时开放. 2013-10-13. http://blog.sina.com.cn/s/blog_4b01f0150100al7b.html.

人值守的自助图书馆深受广大民众的欢迎。[①]

读者活动

如今美国大部分公共图书馆都已经将读者活动（Programs）作为一项与借阅并列或比借阅更重要的核心业务。

过去衡量图书馆最重要的指标是图书外借量，比如日本图书馆界在20世纪70年代提出了以外借为中心的口号。随着网络化数字化的发展，人们开始重新思考图书馆的社会价值。如果图书馆仅仅以外借为中心的话，那么有了数字阅读，读者还需要来图书馆吗？这些年来国际图书馆界进一步挖掘图书馆作为场所的价值，发挥图书馆在城市第三空间中信息交流和共享的功能，重视图书馆在社区教育和文化中所扮演的角色。为此，很多图书馆把读者活动作为一项重要的衡量指标。

2012年初，国际图联发布了大都市图书馆委员会对25个国家的59个城市图书馆所做的调研报告。该报告提出了影响图书馆未来发展的四个新指标，即读者活动、社会媒体、数字流通和数字参考，读者活动被列在首位。根据大都市图书馆委员会的统计，每年大都市图书馆组织读者活动大约每5 000人口25次。根据中国统

① 王京雪. 把图书馆建成驿站. 新华每日电讯，2015-05-29（12）.

计年鉴，我国 2010 年公共图书馆仅举办读者活动 60 093 次，这个数字肯定有缺漏，按现有的统计方式，国家仅统计到县级以上公共图书馆，因此与国际大都市图书馆的统计缺乏可比性。

香港中央图书馆、上海市中心图书馆和厦门市图书馆近年来都对读者活动做统计分析。经比较后发现，香港 2010 年组织活动 21 010 次，参与人次 19 557 588；上海 2011 年组织活动 37 723 次，参与人次 3 733 316；厦门 2011 年组织活动 499 次，参与人次 654 446。按每 5 000 人口计算，依次为香港 15 次，上海 8.2 次和厦门 0.7 次。按人均来计算，依次为 2.79 次、0.16 次、0.19 次。

香港公共图书馆的推广服务是很值得我们学习的，不仅在总分馆定期举办读书会、故事会、研讨会等活动，而且还与广播电视机构、新闻出版机构等合作进行阅读推广宣传，吸引更多的人走进图书馆。

我国内地各省市公共图书馆在读书活动方面也有很多成功的经验和故事，但由于缺乏这方面的完整统计，很难反映内地公共图书馆读者活动的全貌。

图书馆与社会发展

2013 年国际图联新任主席希妮卡·希皮拉（Sinikka Sipilä）推出了她的“主席主题”。国际图联主席都有自己任期的目标，新任主席关注两大问题：一是图书馆对社会发展的影响，一是技术发展对图书馆的挑战。要深刻理解新主席的主题，我们需要特别关注2013年新加坡年会期间发布的两份文件，一份是8月16日颁布的《国际图联关于图书馆与发展的宣言》（*IFLA Statement on Libraries and Development*），一份是8月19日公布的《国际图联趋势报告》（*IFLA Trend Report*）。

希妮卡·希皮拉主席的“主席主题”是“强大的图书馆，强大的社会：图书馆促进社会发展”。该主题意义深远，它为全球图书馆新一轮的发展指明了方向。以前我们关注图书馆与阅读的关系，现在更需要强调图书馆与社会发展的关系。

众所周知，联合国千年发展计划（Millennium Development Goals）到2015年底到期，联合国积极推进“后2015国际发展议程”，各国也积极响应并争取在后2015计划中有更多的话语权。比如，欧洲发表的国际发展议程报告提出，除了继续关注减贫外，要突出包容和可持续发展，具体目标为机构转型、创造就业等；[①] 中国发展研究基金会在“迈向公平而可持续的发展：后2015国际发展议程的中国视角”报告中，提出以人的发展为中心，确保稳健的经济增长和经济机会创造、投资人力资本、促进公平性与包容性、提高环境可持续性、完善政府治理、重构全球治理体系等六大支柱。[②]

---

① 中华人民共和国驻欧盟使团. 欧盟智库发表报告谈2015年后国际发展议程. 2013-09-006. http://www.fmprc.gov.cn/ce/cebe/chn/zkbg/t1030755.htm.

② 金辉. 中国发展研究基金会报告：中国应积极参与后2015议程的制定和实施. 经济参考报，2013-09-05.

国际图联也在积极地争取话语权。它通过参与国际电信联盟的“信息社会世界峰会”来表达“获取信息将成为支撑发展的根本要素”的立场。国际图联从2003年峰会发起到现在，都在积极参与并表明国际图书馆界的立场。我在担任国际图联管理委员会委员的时候，就参与过这方面的筹备。记得国际图联在2003年峰会上散发了一份成功故事宣传画，10个成功故事中就有上海图书馆在消除数字鸿沟方面的案例。现在国际图联又参与到“超越获取联盟”（Beyond Access）中，最近与该联盟一起对联合国《后2015发展议程高级别小组（High Level Panel）报告》表达了支持的意见。高级别小组的这份报告强调了促进信息获取、政府责任以及为民众提供生活和工作技能等。国际图联前任主席英格丽·帕伦特（Ingrid Parent）表示：国际图联支持该小组关于聚焦政府透明和责任的观点，并希望在联合国后2015计划中增加保障全民获取信息权益的条款。[①]2014年8月16日至22日，在法国里昂召开的第80届国际图联大会上，国际图联发布了《信息获取和发展里昂宣言》（*Lyon Declaration on Access to Information and Development launched*，简称《里昂宣言》）。《里昂宣言》强调政府信息、全民识字、儿童服务和信息通信技术等具体的图书馆服务在支持发展中发挥的作用，呼吁联合国成员国认可信息获取与有效利用信息的能力是可持续发展之必需。根据国际图联主页信息，截至2015年8月，已有包括国际图联在内的589家机构

① IFLA and other access to information campaigners welcome UN development report（IFLA Press Release）2013-09-06. http://www. ifla. org/node/7720.

签署以表支持。2015 年 10 月底的联合国发展峰会通过了题为“变革我们的世界——2030 年可持续发展议程”，该议程提出了 17 项目标、总计 169 项具体目标。国际图联提出的获取信息、提升素养，保护文化遗产等的意见已反映在条款之中。在目标 16.10 中提到：在国家法律和国际协议的框架下确保信息的公共获取、保护基本自由，也就是说强调信息也能起到扶贫的作用。

在这样的背景下，国际图联发表了《图书馆与社会发展宣言》，强调图书馆要在社会发展的参与中实现自身的价值。从最近发表的一系列报道来看，图书馆尤其是公共图书馆的重心将逐渐从阅读向包括阅读在内的更广泛的素养转移，而且更加突出信息素养和技术素养，让更多的人能通过掌握这些技能，增加工作机会，提高创业能力，提升生活品质。

以前图书馆重视阅读，将借阅列为主要业务，而讲座、培训、文化活动等列为次要或延伸性的业务；今天，这种状况正在改变，不仅将借阅与讲座、培训及文化活动并列，而且以“图书馆推进社会发展”为新使命，积极参与到社会发展的进程之中。

为特殊读者服务

如何为由于各方面的原因而不能正常利用图书馆的人服务，如何确保这些人能够与其他人一样拥有平等获取信息的权利，是摆在图书馆面前的一个重要课题。所谓特殊读者，主要指老、弱、病、残读者，此外还包括监狱的犯人。图书馆应采取各种手段，如从设施设备上和服务方式上帮助他们公平获得信息资源。

1. 为残疾读者服务

美国国会图书馆通过与全美 131 所图书馆构成的协作网络，为各年龄层次的残疾读者服务，向他们免费提供盲文书刊、录音书刊等资料。每年挑选出 2 500 种小说及非小说，进行录音或制作盲文图书，通过网络提供外借服务。[①] 美国高立德大学（Gallaudet University）图书馆是全球最丰富、最完整的聋哑人资料库。根据该馆网站信息，2013 年拥有 21 万册图书和 1 000 种期刊，以及 32 万种电子书和 55 000 种电子期刊。馆里不仅有手语翻译服务，而且定期为聋哑读者举办读书座谈会或者新书导读等活动，深受广大聋哑读者的欢迎。

英国国家盲文图书馆拥有盲文藏书 35 万册。该馆重视延伸性服务，一方面与南非、加拿大、澳大利亚和新西兰等国的出版商进行书刊交换，以扩大和丰富盲文图书的收藏；另一方面，采用邮寄方式吸引和发展弱视读者，该馆每天要给英国各地以及国外的 4 500 名读者发送近千册盲文图书。[②]

在日本，除了全国盲文图书馆以外，还有 96 所盲文图书馆。

① FamilyConnect. Library of Congress National Library Service for the Blind and Physically Handicapped. 2013-10-13. http://www. familyconnect. org/directory. asp?Action=profile&AccountID=804.

② 周文昊. 英国国家盲文图书馆一瞥. 图书馆理论与实践，1998（1）：63.

每个县都至少有1所盲文图书馆。[①] 各公共图书馆都设有为视觉障碍者服务的设施和资料。为视觉障碍者服务的主要项目有：

（1）面对面朗读服务。

图书馆内一般都设有专门的朗读室，由朗读者根据视觉障碍者的要求，进行朗读或辅导。在一般情况下，都需要提前一天进行预约登记，有的图书馆还根据视觉障碍者的要求，到指定车站接送。在横滨市立中央图书馆共有73名朗读志愿者无偿为这些特殊读者服务。他们都经过专门的培训，如参加朗读者学习班、朗读器材使用培训班等。[②]

（2）听觉资料借阅服务。

图书馆配备有各种听觉资料，如录音带、光盘、录音图书和杂志等，还可以根据个别视觉障碍者的需要进行点读制作服务。图书馆将这些资料编成书目，并通过全国性或地区性网络进行馆际互借，以满足视觉障碍者的各种阅读要求。

（3）大字本的制作和借阅服务。

图书馆为那些弱视者专门采购或制作大字本图书，这些图书一般都是开架的，同时阅览室还配有放大镜或放大阅读器。

（4）自动化朗读服务。

在大阪市立中央图书馆，研究人员研制开发了一种电子朗读设备，机器可以自动阅读读者所需要的书刊资料，很受视觉障碍者的欢迎。

据1998年2月28日《文汇报》报道，辽宁省图书馆内设立了

① 塩見昇．図書館概論．東京：日本図書館協会，1998：189.
② 孙慧娥．日本图书馆的视障读者服务．图书馆杂志，1997（6）：32.

一个盲人有声读物服务网。该服务网是由省图书馆和省残疾人联合会继 1995 年成立省盲人读物服务中心后，共同发起的旨在为盲人提供有声读物服务的服务网络。据说，这在中国还是首家，弥补了盲人读物品种的短缺和数量的严重不足。该网络把为盲人录制、复制好的有声读物发布到 14 个地、市的盲人有声读物服务网成员单位。2003 年又专门成立了弱视群体服务部，先后推出了“手语世界”、“对面朗读”等文化助残服务活动。2010 年在沈阳市苏家屯区图书馆建立了全国省级图书馆首个盲文图书分馆流动站，流动站向周边地区的盲人读者免费提供盲文图书、有声读物等资源，并定期举办读者座谈会、图书推介会等面向盲人读者的文化活动。辽宁省图书馆计划继续加大建设力度，增设盲文阅览器、盲人专用电脑等设备，为盲人读者提供更便捷的服务。①

新建和新修的图书馆一般都按有关规定，配备有为残疾读者服务的设施和设备。上海图书馆新馆按有关规定设置了无障碍通道和设施，专门为残疾读者设计了从广场入口处到大楼门厅、再通过电梯进入馆内任何公共服务区域的通道。图书馆还配备了 2 套轮椅，免费为他们服务。此外，还配备有专用厕所和轮椅上的读者能够使用的按钮和标识。

2. 为其他特殊读者服务

图书馆一般通过送书上门的方式和阅读辅导的方式为特殊读者

---

① 袁艳．以品牌服务搭建爱心平台——辽宁省图书馆文化助残纪实．中国文化传媒网．2013-05-15. http://www. ccdy. cn/xinwen/wenhua/xinwen/201305/t20130515_643357. htm.

服务。

医院图书馆为病人提供各种信息服务。医院图书馆除了为医护人员服务以外，也应该为病人提供有关医学方面的专业书籍，使他们获得与自己病情有关的医疗知识；同时，还应该提供小说、散文等休闲读物，使他们静心休养，配合医护人员治疗。上海华东医院坚持对住院病人开放，数十年如一日，从未间断过。

医院图书馆管理人员认为，向病人开放的长处在于：

（1）充实了住院病人的疗养生活；

（2）提高了病人的自我保健意识；

（3）增强了病人配合治疗的观念。[①]

根据日本医院图书馆研究会1994年的一项调查，在收回的608件调查表中，有217家医院为患者提供阅读服务，占总数的36%。1995年日本全国图书馆大会全体会议上，还一致通过了“关于发展和扩充为患者提供图书馆服务的意见”的决议。[②] 公共图书馆应根据医院图书馆或患者的需要，提供团体送书和阅读辅导活动。

公共图书馆也应为监狱服刑人员提供精神食粮，使他们重新找到人生的坐标，扬起生命的风帆。英国曼彻斯特有一个具有50多年历史的监狱图书馆（Prison Library，HMP Manchester），1946年11月19日建馆，现在已经成为曼彻斯特公共图书馆（Manchester City Library）的一个分馆。该馆有3名专业馆员，2名临时工。每天开馆时间为

① 张耀新. 医院图书馆与病员服务. 图书馆杂志，1996（3）：57.

② 塩見昇. 図書館概論. 東京：日本図書館協会，1998：189.

10:00—12:30、14:00—16:30 和 18:00—20:30 三次。服刑人员有 1 200 人，每人可以借 4 本图书，2 周内归还。馆内有一台电脑，可以查询书目资料，但不能与互联网连接。① 根据 2012—2013 年该监狱年报统计，年服刑人员访问量为 12 427 次，图书外借 28 305 册，信息提供 2 453 件，另外有新书入库 2 551 册。图书馆还为外国服刑人员提供双语词典和报纸。而且，该监狱图书馆还被英国图书馆与情报专业学会（CILIP）授予“2012 年度监狱图书馆”的荣誉。②

江苏镇江市图书馆从 1994 年起，在镇江监狱开设了书刊流动点，在大墙内开展读书活动。至 1999 年该馆已为监狱送去书刊 1.8 万多册。1996 年，在镇江市图书馆举行了读书心得演讲会，3 名服刑人员参加了演讲，并获得特别奖。③ 上海市长宁区图书馆、长宁区劳动力市场与北新泾监狱 3 家单位进行文明共建，提出“把刑期变成学期”，提供书刊资料，组织学习辅导，开展技能培训，为服刑人员出狱后能适应社会工作和生活提供学习辅导，帮助他们改造思想，重新做人。④ 近年来，公共图书馆与监狱合作的事例不胜枚举，如 2003 年广州图书馆与广东省女子监狱合办联合图书馆；2005 年云南省专门针对服刑人员的育伦图书馆开馆；2006 年江西省图书馆南昌

---

① Takatora Sato. A Study of Social Inclusion in the Public Libraries of the UK with particular reference to Manchester Prison Library. 图书馆情报学研究，2002（1）：15-28.

② Independent Monitoring Board Of HMP Manchester Annual Report. Independent Monitoring Board. 2013-10-13. http://www.justice.gov.uk/downloads/publications/corporate-reports/imb/annual-reports-2013/manchester-2012-13.pdf.

③ 丁引娣．在大墙内开展读书活动．中国图书馆学会工作通讯，1998（2）：17.

④ 摘自上海电视台 1998 年 5 月 31 日 18 时 55 分播发的《新闻透视》节目。

监狱分馆开馆；2007年重庆九龙坡区图书馆与九龙监狱合作兴建的监狱图书馆开馆；2009年西安图书馆陕西省女子监狱分馆开馆。[①]

此外，图书馆还为客轮、列车上的游客以及敬老院的老年人提供团体送书和阅读服务活动。

推广辅导服务

国际图联《公共图书馆服务发展指南》指出，“公共图书馆是在日益复杂化的社会中运行的，这个社会消耗人们大量的时间和精力，因此，图书馆应当注重宣传自己的存在和所提供的服务范围”，图书馆领导者还“可以利用市场营销手段，使自己能了解用户的需求，并进行有效的规划”。[②]

该《指南》还介绍了一些有效的推广方法：

积极利用印刷、电子和通讯媒介；

陈列与展览；

有效的室内外标志；

定期出版物、馆藏资源目录和介绍图书馆的小册子；

读书和扫盲活动；

① 陈春艳，余筱雨．我国监狱图书馆研究状况述评（1986-2009）．公共图书馆，2000（4）. 2013-10-13. http://www. publiclib. org. cn/library/periodical_show/1251. html.

② 公共图书馆服务发展指南. 上海：上海科学技术文献出版社，2002：24，91.

设计一些满足身心残疾者需求的活动；

开展书市活动；

建立图书馆网站；

链接相关网站和网络门户；

创办图书馆之友团体；

图书馆周或其他宣传活动；

特殊年和周年的庆祝活动；

将图书馆列入电话簿或其他指南类工具书中；

资金筹措和募捐活动；

举行公开演讲，联络社区各团体；

图书馆专题出版物，如馆史、社区史等。

公共图书馆一般都有推广辅导部门，除了对下级图书馆进行业务辅导以外，还从事延伸性服务活动。美国图书馆协会专门成立了识字和推广服务委员会，成为支撑该协会活动的28个专门研究部门之一。该部门的目的是：

（1）促进潜在的读者如少数民族、低收入者和外国移民利用图书馆；

（2）开展扫盲活动，进行图书馆利用教育；

（3）加强推广辅导服务的业务研讨，组织对馆员和馆外辅导人员的业务培训和交流等。

不少图书馆充分利用大众媒介及传播工具，宣传图书馆的作用和各项活动。日本多摩市立图书馆与多摩市FM调频电台合作，开设《图书馆时间》节目，每周一下午12时20分和周三下午5时40分定期向全市播送图书馆新闻，主要专栏有新书信息、图书排行榜、儿童读书时间、图书馆信息等内容。

图书馆之友

图书馆工作离不开社会的支持和参与，除了社会捐赠和资助以外，“图书馆之友”是最普遍的公众参与和支持形式。这种活动在欧美图书馆界比较流行，不仅公共图书馆，大学或其他类型的图书馆也有这类组织和活动，有的地方还建立了地区性乃至全国性的协会，支持图书馆事业的发展。

纽约公共图书馆的“图书馆之友会”规模较大，1985年我到该馆参观时，“图书馆之友会”成员就有10万多。每年的最低会费35美元，图书馆根据捐款的多寡给予相应的优惠待遇，如获得该馆的出版物、图书馆书店的折扣等。捐赠超过10万美元的可以在大厅的大理石墙上留名。①

美国科克伍德（Kirkwood）公共图书馆的“图书馆之友会”帮助图书馆开展读者服务或活动，如每年5月的第1周举办一次书展、到“绿树书店”帮忙、参与图书馆组织的家访活动等。每年的个人会费为10美元，家庭会费为20美元，终身会费为200美元。②

① 吴建中. 美国图书馆事业印象记. 图书馆杂志，1986（1）：74.
② 见：1998-06-03. http://kpl. lib. mo. us/kwd/friends. htm.

日本有一个“横滨图书馆之友会”，经常开展各种读者联谊活动，并出版会刊。1999 年 3 月，应日本图书馆协会之邀，我在该会新会馆作了“中国图书馆事业发展”的报告。“横滨图书馆之友会”组织了一些会员专程从横滨赶来，该会负责人加藤佳代女士还在该会的第 10 期会刊上发表了感想，并介绍了上海图书馆。

大学图书馆也组织“图书馆之友会”，如内布拉斯加大学的“图书馆之友会”有专门一个网页，介绍和宣传该会情况。[①] 根据该会的介绍，“图书馆之友会”的任务是宣传和推广好书；组织与著名作家见面、交流；帮助浏览并推荐网络站点；提高图书馆在大学及社区的地位和作用等。此外，他们还将为图书馆购买设备和资料、支持志愿者活动、为图书馆工作人员颁发各种奖励以及为图书馆组织捐赠等。同时，图书馆将为这些成员提供优越的外借服务、预告图书馆的活动及计划、赠送图书馆纪念品、编写成员名录、提供图书馆馆刊以及高质量的图书馆服务等。

美国有一个全国性的“图书馆之友会”（Friends of Library, USA, FOLUSA），该会为全国各地 2 800 多个“图书馆之友会”的成千上万名“图书馆之友”提供服务，其宗旨是：

（1）帮助地区“图书馆之友会”为当地图书馆组织筹集款项；

（2）通过地区网络提供辅导、培训和咨询等；

（3）促进和推广图书馆活动计划；

（4）承担作为信息和专家交流中心的职能。

---

① 见：1998-06-03. http://revelation. unomaha. edu/info/ulftop. htm.

该会每年组织一系列研讨会、讲座、作家见面会、展览会，出版双月刊通讯、宣传册、通讯录以及录像介绍等。2009 年该会与美国图书馆托管人支持者协会（ALTA）合并，成为美国图书馆托管人、支持者、朋友和基金协会（ALTAFF）。现在又改名为 United for Libraries（携手支持图书馆协会），并成为美国图书馆协会的一个分支。

志愿者服务

志愿者，又称义工或志工，指“任何人志愿贡献个人的时间和精力，在不为任何物质报酬的情况下，为改进社会而提供的服务”。[①] 招募志愿者为图书馆服务，不仅可以提高图书馆业务活动的效率，更重要的是能够吸引社会公众对图书馆工作的支持和参与。刘彦方提出，图书馆的性质和特点决定了图书馆适合成为志愿者服务的长期项目。[②]

志愿者队伍已经成为图书馆服务的一支生力军，他们中间有各种年龄层次和知识结构的人，利用自己的一技之长不计报酬地为公众服务。日本德岛县那贺川町立图书馆的志愿者会，有会员 50 多名，他们有的参与维护庭园，有的在每天开馆时演奏钢琴，有的协

① 引自香港义务工作发展局的定义．见：香港义务工作．中国青年，1994（12）：50.
② 刘彦方．论图书馆义工的引入．图书馆杂志，2002（9）：27.

助组织演讲、表演或展览会等。该会的目标相当明确，就是提高该馆的利用率，使之成为日本第一的町立图书馆。[①] 当然，不是任何人都可以成为志愿者的，有些大型的或著名的图书馆，对志愿者还要进行一定的考核，然后还要参加有关培训才能上岗。图书馆方面也视情况给予志愿者一定的回报，比如，日本大阪市立中央图书馆除了免费提供一顿午餐外，还给予来回路费。筑波大学图书馆的志

图 6–3　日本筑波大学图书馆志愿者

① 公立図書館の経営調査委員会著．こうすれば利用が増える：公立図書館の経営．大阪：日本図書館研究会，1997：194.

愿者咨询服务很有特色，在咨询台后面有一个很大的公告牌，告诉读者这些志愿者的专业和外语能力，我在 1999 年访问该大学图书馆时，见到 3 位志愿者，分别会说中文、英文和俄文。据说该馆的志愿者咨询台在全国闻名，他们送了我一本题为《图书馆志愿者》的书和中文的图书馆指南方面的录像带。

在长春市图书馆有一个“义务小馆员”项目，2004 年开始每年举办 2 期。全市累计有 500 名“义务小馆员”，这些小馆员利用寒暑假的时间到图书馆参加公益活动。为了让小馆员在实践中能够学到新知识、多角度了解图书馆，上岗之前，图书馆工作人员耐心细致地带领小馆员们熟悉图书馆，并手把手地教他们排架、上书、借书等工作流程，掌握阅览室的规章制度和文明服务的要求等。每位小馆员工作周期为 7 天，每天工作 3 小时。活动结束后小馆员写下自己参加社会实践的心得体会，图书馆为义务小馆员颁发荣誉证书。①

但是，也有一些图书馆把志愿者作为专业人员不足的一种补充。针对这种情况，日本图书馆协会图书馆政策特别委员会编写的《公立图书馆的任务和目标》一书指出，把应当由专业人员从事的工作托付给志愿者的做法，对图书馆事业的发展是不利的；人员不足，应当通过招聘员工或临时工来解决，而不应该把志愿者当劳动力来使用。②

---

① 长春市文化广电新闻出版局．长春市图书馆义务小馆员　亮丽的城市文化风景线．2013-10-12. http://www. ccwh. gov. cn/v_news. php?classid=108&id=2449.

② 日本図書館協会図書館政策特別委員会編．公立図書館の任務と目標．東京：日本図書館協会，1995：27-28.

第七章

功能一：图书馆是终身教育和文化娱乐中心

图书馆不再是一个仅仅满足读者阅读需求的场所。图书馆服务的概念正在发生深刻的变化，除了向读者提供借阅机会以外，图书馆还应该重视并满足读者的文化需求和娱乐需求。荷兰图书馆学专家、原鹿特丹市图书馆馆长舒茨（P. J. Schoots）把公共图书馆比作“市民的第二起居室”，因为公共图书馆为市民提供了人与信息、人与人之间交流的舒适空间。21 世纪的图书馆不是由机器组成的电子世界，而是温馨明快的知识乐园。除了阅读功能以外，图书馆还应该提供信息传播的功能、终身教育的功能和文化娱乐的功能。图书馆除了书刊资料，还可以有展览厅、演讲厅、小剧场、学术活动室、影视欣赏室等各类文化设施。从今后的发展来看，公共图书馆将成为社区文化和教育的中心，不同层次、不同年龄的人都可以获得自己所需要的知识和信息，人们在那里就像在自己的家里一样亲切随意，看看书报，会会朋友。如果图书馆只是为人们提供信息的话，那么随着电子化程度的提高，电脑网络普及到家庭，人们还需要图书馆干什么呢？我认为，公共图书馆不会随着电子图书馆的出现而退出历史舞台；相反，它在社会中的地位和作用将更加明显，也可能将来某一天，图书馆内印刷型资料不再成为藏品的主体，但是那里终究还是文化、教育和娱乐中心，依然是公众最喜欢光顾的地方。

第三空间

1989年和1994年，美国旧金山和洛杉矶相继发生了两次大地震。那时加州州立大学（California State University）正在计划新建蒙特利湾（Monterey Bay）分校，有人建议不要再建传统意义的图书馆了，因此蒙特利湾分校开设了一个没有藏书的虚拟图书馆。当时很多人都相信，物理形态的图书馆马上就要消亡了。但10多年后的2008年，1万多平方米的新图书馆正式对外开放，当时它的

图7.1 加州州立大学蒙特利湾分校图书馆（图片来源：From csu.montereybay. http://www.flickr.com/photos/csumb/4831185065/sizes/1/in/photostream/）

网页上出现了“作为场所的图书馆”（Library as Place）的标语。这座建筑的开放具有象征意义，它表达了如何应对“在一个脆弱的世界建设一座美丽而功能齐全的学习环境的挑战”。① 这一切说明什么呢？图书馆作为一个文化场所是不可缺少的。

美国社会学家雷伊·欧登伯格（Ray Oldenburg）称家庭居住空间为第一空间，职场为第二空间，而城市中心的闹市区、酒吧、咖啡店、图书馆、城市公园等公共空间为第三空间。

第三空间根据人的需要设置，“以人为本”是其最主要原则。第三空间的特征是自由、宽松、便利，它具有积聚资源和人气的功能，因此第三空间设计得越合理，城市多样性越丰富，城市活力也越突出。一个城市最能体现多样性和活力的地方就是第三空间。

作为第三空间的图书馆应扮演什么样的角色呢？西蒙（Matthew Simon）列出了10大功能：②

（1）公共图书馆是社区和社交中心（Community and Social Center）;

（2）公共图书馆是游乐场（Play Space）;

（3）公共图书馆是学习堂（Study Hall）;

（4）公共图书馆是社区经济财产（An Economic Asset for the

① Bette-Lee Fox. Library Buildings 2009：The Constant Library. Library Journal，2009-12-15. http://www. libraryjournal. com/article/CA6709734. html. 原文是：The new Tanimura and Antle Family Memorial Library，California State University，Monterey Bay，addresses “the challenges of building in a fragile world while creating a beautiful and functional learning environment.”

② Matthew Simon. Will the Library Survive the Internet? Public Libraries，2002（March/April）：104-106.

Community）；

（5）公共图书馆是终身教育中心（Life-long Learning Center）；

（6）公共图书馆是博物馆（Museum）；

（7）公共图书馆是文化中心（Cultural Center）；

（8）公共图书馆是世界之窗（Window on the World）；

（9）公共图书馆是动力之源（Place of Energy）；

（10）公共图书馆是营销研究中心（Marketing Research Center）。

新加坡国家图书馆管理局副总裁严立初（Ngian Lek Choh）认为现代图书馆有如下特点：图书馆是一种服务（The Library as a Service）；图书馆是合作伙伴（The Library as a Companion）；图书馆是一种门户（The Library as a Gateway）；图书馆是一个社会均衡器（The Library as a Social Leveler）；图书馆是记忆库（The Library as Memory）；图书馆是一种体验（The Library as an Experience）；图书馆是一个网络（The Library as a Network）。[①]

2013年5月，英格兰艺术委员会发布了题为《图书馆的未来》（*The Library of the Future*）的报告。该报告对21世纪公共图书馆发展提出了"四优先"方针：

（1）图书馆是社区的中心（community hub）。作为公众可信赖、安全且民主的场所，公共图书馆应为公众提供信息和专家的建言，并有效地将虚拟空间和实体空间结合起来。

---

① 张晓林．超越图书馆：寻求变革方向——第77届国际图联大会观感．图书情报工作，2011（21）：5-10.

（2）图书馆是数字创新的中心，应最大限度地利用数字技术和创作媒体，让公众体验新技术、学习新技术，并激励个人发展。

（3）图书馆应探索可持续发展，争取获得更多社会参与和民间资助。

（4）图书馆应加强业务进修和知识更新，帮助员工适应不断变化的数字化发展环境。[①]

图书馆在人们心目中是一块圣地。人们把教堂比作一部圣经，走进教堂是为了阅读这部圣经。走进图书馆，不仅为了阅读图书，而且为了感受知识宫殿散布的气息。因此，图书馆不仅仅是一幢房子、一座书库，它代表了一个区域的文化。如同一本书的读后感因人而异一样，一幢图书馆建筑传递给每个人的讯息也是不同的。图书馆不在于规模大小，而在于精神和文化积淀的厚度。图书馆的神圣之处，就在于它像一部吸引人阅读的书、一盏方便人阅读的灯、一座激励人阅读的钟。

我们常常把大学图书馆叫做“大学的心脏”，它源自 19 世纪末哈佛大学校长查尔斯·威廉·艾略特（Charles William-Eliot）的一句名言：“图书馆是大学的心脏。”同样，城市图书馆是城市的心脏，社区图书馆是社区的心脏，公共图书馆常常被认为是区域社会的活力之源泉。[②]

2013 年 9 月开放的英国伯明翰中央图书馆将自己定位于“城

① Arts Council England. The Library of the Future. 2013-11-11. http://www.artscouncil.org.uk/media/uploads/pdf/The_library_of_the_future_May_2013.pdf.

② Loma Linda University. Heart of the University: libnews. 2010-03-15. http://myllu.llu.edu/blogs/libnews/2010/03/15/heart-of-the-university/.

市之心脏"，它指的不仅仅是空间位置，而且强调它是思想和信息的传播空间、城市的社会中心和伯明翰多元社区的第二家园。[①] 公共图书馆是地区公共文化服务体系中的一个重要组成部分。近年来，现代信息通信技术的迅猛发展不仅为图书馆的硬件升级创造了有利条件，而且为其功能再造和服务创新奠定了重要基础。尤其是随着数字及多媒体技术的广泛利用，图书馆的功能逐渐从单一的图书借阅业务向多元化的知识服务转变，人们在反思图书馆传统使命和功能的同时，也在积极探索如何在新的环境下提升图书馆在区域社会中的作用和价值。不少地区公共图书馆正在尝试将图书馆的功能向区域社会拓展，不仅仅把图书馆的服务延伸至社区，而且让图书馆主动承担起社区的部分职能，扮演更为重要的社会角色。

图书馆的服务形式和内容随社会环境的变化而变化。在全媒体时代，公共图书馆服务不再局限于阅览和外借，而应发挥"学习中心"（learning center）的功能，根据民众终身学习的需求组织各类学习和交流活动。首先，传统的灌输式的学习方式将让位于交互式的交流方式，图书馆不再是单纯的信息提供者，读者也不再是被动的信息接受者，图书馆资源的采购将更多地听取读者的意见，图书馆与读者共同培育和开发馆藏资源。除了正常的资料采购以外，图书馆还将重点收集与地方特色有关的信息资源和文化财产。其次，服务方式也将发生重大变化，书架加阅览桌的传统阅览室模式将被

---

① 原文为：The Library of Birmingham is designed to be a place for the dissemination of ideas and information，a social heart of the city；a second home for Birmingham's diverse community.

多元化、全媒体的共享空间所取代，读者将被邀请参与空间设计、组织研讨活动等。第三，新服务、新项目脱颖而出，过去被认为是非核心业务的讲座、展览、读书会、朗诵团等正在成为图书馆的有机组成部分，这些社会参与度较高的服务项目不仅丰富了图书馆活动的内容，而且吸引了更多社会人士的关注和参与。

标志性建筑

大英图书馆前馆长布里安·朗（Brian Lang）在回顾20世纪欧洲图书馆事业的发展历程时，满怀激情地说道：当这个世纪即将结束的时候，我们迎来了一个伟大的新图书馆建筑诞生的年代。英国、法国、德国和丹麦国家图书馆都开放了新馆。其中，巴黎和伦敦的图书馆建筑在规模上是个里程碑，它们是各自国家在20世纪最大的公共建筑。[①]

耗资20亿美元建成的密特朗图书馆即法国国家图书馆，于1996年12月对外开放。它耸立于塞纳河畔，由4幢遥相呼应的外观像张开着的书本似的建筑组成，中间是茂密的人工森林。读者在宽敞的阅览室透过玻璃幕墙向外眺望，就如同置身于大自然的怀抱之

① 福赫特．目前世界上对电子、印刷出版物及大型图书馆建筑的一些看法．图书馆杂志，1997（2）：41.

中。尽管有不少人批评这座新馆中看不中用，但正像前总统密特朗将这座图书馆看作是20世纪末的一大奇迹一样，它已经成为法国人引以为豪的知识殿堂，成为巴黎这座国际大都市的标志性建筑之一。

大阪市立中央图书馆和大阪府立中央图书馆是1996年几乎同时建成开放的两个新图书馆。这两所新馆的建筑面积都是3万多平方米，市立图书馆偏重于公共性，建在地铁车站边上，给市民一种亲近感；而府立图书馆偏重于研究性，等于是府内所有图书馆的后备库，学术资料占的比重较大，外形看上去像一本本堆砌起来的图书，给人一种厚实庄重的感觉。在同一地区、同一时期建设两座规模宏大的公共图书馆，在国际上恐怕也是绝无仅有的。说明大阪政府重视文化基础设施的建设，重视公共图书馆在社会发展中的地位和作用；同时也反映出大阪所具有的强大的综合实力，从城市的布局、环境，到市民的素质、修养，都能够给人留下深刻的国际一流大都市的印象。这两所新馆都有如下共同之处：

（1）全部采用国产材料和设备，从建筑材料到专业设备几乎没有一样是进口的，而且也很少提“进口”两个字；

（2）大厅和阅览室都比较宽敞，令人感到明快、舒适，在区划上采用大空间、灵活隔断的格局，从整体布局来看，与欧美图书馆建筑风格相似，也强调开放式的概念和结构；

（3）比较重视图书馆的社会教育和文化娱乐的功能，两所新馆都提出“21世纪的图书馆应该成为终身教育的场所”的口号，重视为社区居民提供各种形式的文化和信息服务。

由于公共图书馆之间是联网的，所以图书馆对外服务信息都可以通过地区分馆传播。两所新馆都设有对外开放的会议室、多功能演讲厅和舞台设施。

公共图书馆是一座有屋顶的公共场所。鹿特丹的建筑师们有这样一种人生哲学：它不追求公共场所第一重要的格调气派和精美雅致，它应该是将不同背景的人们聚集在一起的场所，除了要提高城市的活力以外，这样一种大众场所还能够有助于城市功能的更好发挥。[①]

荷兰图书馆学专家、原鹿特丹市图书馆馆长舒茨（P. J. Schoots）在上海图书馆新馆开放时举行的研讨会上说："公共图书馆作为一种社会文化设施将永远存在下去，正像上海需要一个新的图书馆一样，每个城市都需要有图书馆，不仅用来收藏印刷品资料，而且用来供人们开展文化娱乐活动。图书馆不只是藏书的地方，更是一个社会的、文化的中心"。[②]

美国著名图书馆学家高曼（Michael Gorman）说，图书馆是集学习、文化以及其他重要且永久价值和公益工作为一体的场所，访问这些场所已经成为人类的共同需要。[③]

2011 年 8 月我出席了由国际图联建筑和技术两个委员会组织的会前会，主题是"图书馆标志性建筑"。令人惊异的是，这里讨论的不是通常所说的规模宏大的建筑，而是适应低碳社会发展的示范性

① 舒茨. 图书馆的未来. 图书馆杂志，1997（4）：36.

② 吴建中. 21 世纪图书馆展望. 上海：上海科学技术文献出版社，1996：13.

③ Sam Demas and Jeffrey A. Scherer. Esprit de Place. American Libraries，2002（April）：65.

建筑——美国《图书馆杂志》（*Library Journal*）评选的标志性图书馆项目。《图书馆杂志》从 2011 年 5 月起发起了一个标志性图书馆项目，选出了 10 个图书馆作为标志性图书馆（new landmark library，NLL）以及提名图书馆（honorable mentions）。

这些标志性图书馆有哪些共同特征呢？

（1）绿色建筑。这些入选图书馆都必须通过《领先能源与环境设计》（Leadership in Energy & Environmental Design，LEED）认证。

（2）开放和延伸性。延续 20 世纪 90 年代开始的开放性传统。

（3）一站式服务。强调将相近的服务整合起来，减少空间和人员的浪费。

（4）自助服务；图书馆运用电子标签（RFID），自助借书达到相当比例，有的甚至达到 95%。

（5）合作模式。如兰吉维尤图书馆（Rangeview Libraries）。

（6）互动式服务。其做法如博物馆，让读者参与并互动。

（7）通透性。像零售店一样，让读者一目了然图书馆服务。

（8）极简主义。改变过去沉重和沉闷的感觉。

（9）社会功能，将图书馆功能向地区延伸，突出图书馆作为区域复兴和可持续发展的工具。

（10）发挥图书馆作为城市第三空间的价值。

十几年前，“公共图书馆是市民的第二起居室”的口号曾经十分响亮，它突出的是图书馆与市民之间的关系，强调图书馆应该更加开放和温馨一些。如今，在此基础上人们谈论更多的是图书馆的生态和自然环境，更加突出图书馆的社会价值和交互功能。

图 7-2　广州图书馆新馆

现代图书馆建筑特点

英国著名图书馆建筑专家福克纳-布朗（H. Fulkner-Brown）借用著名的基督教“十诫”提出了10大图书馆建筑原则，即“福克纳布朗十诫（Ten Commandments）”：

（1）弹性。从设计、结构到服务功能都应做到开放性，以适应时空的变化。

（2）紧凑性。读者、职员以及图书的流向要做到紧凑合理。

（3）易接近性。从馆外到馆内、从入口处到各个部门，要规划得合理，要设计一个良好的导引系统。

（4）可扩展性。在未来扩展时可灵活延伸，将损失减小到最低限度。

（5）可变性。在藏书空间和读者服务的提供方面留有自由的选择余地。

（6）组织性。图书馆资源的组织与陈列要做到明了、有序。

（7）舒适性。在环境、通风、温湿度、光线和等方面要柔和、协调，尽量借用外部的自然环境，以吸引更多的读者利用图书馆。

（8）环境的稳定性。稳定不变的照明、暖气、冷气、通风和声学环境对图书馆资源的保护尤为重要。如温度须保持在18.5℃至21℃之间，湿度须保持在50%至60%之间，绝对不能超过65%。

（9）安全性。借以控制读者的行为和图书的损毁。

（10）经济性。把建设和维护一个图书馆所需要的经费和人员控制在最低限度。

原旧金山市立图书馆馆长道林（K. Dowlin）设计了一套“道林法则”（Dowlin Law）：

书流——（1）把资料处理的数量减少到最低限度；（2）把距离缩短到最低限度；（3）成批处理和移动资料。

人流——（1）洋葱模式，即读者从四面八方最快捷地走到中心，并直接从中心上楼；（2）安静区域，即中心区域为闹区，周围一圈为次静区，外围为静区。

1996年4月开放的旧金山市立图书馆新大楼就是“道林法则”实践的产物，这座现代化的新馆开放以后，深受市民的欢迎，老馆每天入馆人数仅 2 000，而新馆达到 8 000 ～ 10 000 人。

综观 20 世纪 80 年代以来新建的图书馆，我们可以看到如下共同特征：

一是开放式。

大部分新馆都采用模数式，也就是所谓大空间、灵活隔断的开放式建筑模式。以前图书馆功能比较单调，主要以收藏和借阅服务为主，因此大部分采用固定式的单一功能，书库即书库，阅览室即阅览室，每一部分都有特定的、已知的、可预测的功能。由于图书馆社会功能的变化，信息交流方式和载体的变化以及现代技术对图书馆传统作业的影响等因素，使得原有的图书馆建筑模式发生了革命性的变化。以后新建的图书馆建筑一般都考虑弹性和可变性。因此，富有弹性的模数式建筑设计思想经过数十年的发展，已经受到图书馆界的普遍欢迎，成为成熟的图书馆建筑样式。国外有人把这种开放式的图书馆称为“书店式图书馆”。

二是简洁性与逻辑性的结合。

公共建筑要体现大气和明快，一些新馆往往都采用简洁明快的材料和色调，如法国国家图书馆采用钢、木、混凝土和玻璃 4 种基本材料，书架、隔墙、灯光支架采用同一颜色的定制木料，天花板、通风管、路灯以及门面采用同一材料的不锈钢装饰，4 座像 4 本敞开的图书一样的塔楼的外墙面和下面的裙房全部采用玻璃幕墙。位于法兰克福的德国国家图书馆新馆也采用上述 4 种基本材料。不同于庄重、雄伟的欧式建筑，新的图书馆较多采用自然、朴素的外形，给人一种温馨、亲切的感觉。如海牙市图书馆的新馆以白色为基调，从里到外所有的墙壁都一律白色。该馆已经废除了卡片目录，但是他们却把目录柜作成装饰物，贴在靠近电脑查询台的墙面上，巧妙地用艺术手法把传统图书馆和现代图书馆融合在同一个空间里。悌尔伯格大学（Tilberg University）图书馆和哥廷根大学（Gottingeng University）图书馆外表看上去都很朴素、大方，但馆内设施自动化程度都很高，而且内部更重视美学与功能的结合、现有功能与未来拓展的结合。作为以人为本的图书馆建筑，功能应放在突出的地位。

三是智能化和生态化。

对新馆设计来说，最大的难题莫过于现代硬件系统的配置问题。由于软硬件升级换代周期的不断缩短，图书馆不得不花费巨资用于信息基础设施的配置和预留。随着信息通信技术的不断发展，图书馆智能化、生态化的要求也越来越高。图书馆不仅要考虑技术的未来性，还要考虑建筑技术与生态技术、多媒体技术等的优化整合。公共建筑本身必须是示范性建筑，现在评价一个公共图书馆的建筑，不是看设施有多宏伟、设备有多豪华，而是看能否把握好人、技术和自然三者之间的和谐性。一个好的图书馆建筑必须符合公共伦理、适应生态要求、面向未来技术，还有更为重要的一条，是深受读者欢迎。

创意图书馆

罗杰·列维安（Roger E. Levien）在《面向未来：21 世纪公共

图书馆战略愿景》中指出，图书馆应成为“信息、知识、艺术媒介以及娱乐的创作场所。这样的图书馆具备了一系列专业的设备、设施来帮助作家、编辑、演员和其他创作者创作新作品”，成为“创造型图书馆”。[①]

从收藏型图书馆到创造型图书馆是图书馆品牌重塑的一个重要目标，需要图书馆员具有丰富的想象力和创新思维。这里介绍几个成功案例。

Anythink libraries 是近几年风靡全球的创意图书馆，2010 年 12 月该馆获得全美博物馆与图书馆服务奖章（National Medal for Museum and Library Service）后引起全球广泛关注。它原来是亚当斯县公共图书馆，成立于 1953 年。2005 年改名兰吉维尤图书馆（Rangeview Libraries），由该县首长任命的 5 人组成的理事会负责运营。2009 年 9 月，兰吉维尤图书馆开展品牌重塑计划，开始启用新的名称 AnythinkTM ，并以“兰吉维尤图书馆的一场革命”（A Revolution of Rangeview Libraries）为口号，实施图书馆全面改造计划。Anythink 实际上是 anything 的俗语或流行词，但更加突出 think（思考）的含义。在新任馆长潘·史密斯（Pam Sandlian Smith）的领导下，该馆力求改变传统管理与服务模式，创新了一些适应网络和数字时代的业务项目，如将杜威分类法改为更加简明易懂的“WordThink”分类法，撤销罚款收费以及用市民更容易接受的称呼

① Roger E. Levien. 杨华编译. 面向未来：21 世纪公共图书馆战略愿景（摘要）. 图书情报工作动态，2011（8）：7.

如导读员（Guides）、看门人（Concierges）以及牛仔（Wranglers）代替图书馆员的称呼。该馆还争取到了政府更多的税收支持，在短短的几年里新设了4个创意图书馆，使分馆数达到7家，而且基本达到生态型建筑的要求，其中2009年9月开馆的布莱顿（Brighton）分馆被誉为美国第一个负碳（carbon-negative）图书馆。

“图书馆10”（Library 10）是一个新概念图书馆，位于芬兰赫尔辛基火车站旁边，10是这一地区的邮政编码。它是一个音乐图书馆，主要藏品是唱片，还有电影、旅游指南以及漫画作品等。该馆有3个音乐工作室可以用于录音、剪辑和试唱等，馆员也是具有音乐教育背景的人。读者可以自己创作音乐，可以与其他音乐人或音乐爱好者交流，也可以在小型的表演场地表演自己的作品。图书馆也常常邀请音乐家来此举办讲座。

“城市办公室”（Urban office）也是赫尔辛基市图书馆的一大创新，旨在为市民提供一个舒适的工作环境。读者可以在图书馆预约工作空间、电脑以及其他文具用品，在这里短期办公。城市办公室是赫尔辛基市图书馆的一大创意。该馆原馆长马雅·本德森（Maija Berndston）在2011年9月7日与上海图书馆联合举办的论坛会上说，现在大多数办公室都设在传统意义上的主要工作场所（primary workplace）或第二工作场所（secondary workplace）如合作伙伴、客户以及外包工作场所里，今后越来越多的工作场所将设立在第三工作场所（third workplace）如旅馆、咖啡厅或会议中心里。根据有关预测，到2017年有50%的工作将在第三工作场所展开，赫尔辛基市图书馆通过建立城市办公室

图 7-3 杭州图书馆生活主题图书馆

来满足这部分读者的需求。

上海图书馆于 2013 年开设了面向创意设计人员的创·新空间，不仅提供创意设计类的信息资源和数据库，配备有 3D 打印机、电子沙盘等设计用的设备供读者使用，而且还设立了开放研讨室，方便读者进行交流和讨论。

"生活主题图书馆"是杭州图书馆 2013 年新开设的主题分馆。开馆时有 20 万册涵盖旅游休闲、养生文化、摄影生活、自然科学与人文艺术的图书。该馆推出了"图书馆内拍婚纱照"的创意，每逢周一闭馆，图书馆会把场地空出来，免费给读者拍婚纱照。此外，图书馆还请西点师教读者烘焙糕点，请生活达人传授养生或养花等知识。

图 7-4 上海图书馆创·新空间

终身教育中心

终身教育这一概念最早是由联合国教科文组织继续教育部蓝格朗（P. Lengrand）部长提出来的。1965年12月，在联合国教科文组织举办的发展成人教育国际研讨会上，蓝格朗发表了以“终身教育”（Education Permanente）为题的工作报告，指出教育不应局限于儿童期和青年期，人只要活着就应该不断地学习。[①] 据美国工

① 塩見昇. 図書館概論. 東京：日本図書館協会，1998：14.

程教育协会（American Society for Engineering Education）估计，大学毕业的科技人员，其科技知识只有12.5%来自大学课程，其余87.5%都必须从工作后的再学习中获得[①]，强调了从学校毕业走上社会以后继续学习知识、掌握技能的重要性。盐见升教授进一步认为，学习是人类生活的权利，学习权是人类生存的必要手段。[②]

陈钦智教授提出，我们正在转向一个以知识为基础的、注重学习的创造性社会。在这种类型的社会中，我们可以看到以下一些变化：

社会价值观从"获取"转向"学习"；

个人学习知识的动力增强；

更多的人学会如何创造性利用信息；

对多媒体信息的需求增加；

对全球信息的需求增加。

因此，陈钦智认为，图书馆要适应这种变化的形势，"走出原先受其结构限制的传统的信息提供方法，而转向提供检索服务，为在家里、在学校、在工作时或在任何地方的人们提供全球信息资源"。[③]

在《21世纪图书馆展望》对话录里，竹内悊针对社区图书馆是否应该把终身教育看作是自己的中心任务时这样说道：

---

① 夏侯炳等．图书馆社会教育学．南昌：江西教育出版社，1997：35.

② 塩見昇．情報の有効利用と図書館の職責．図書館雑誌，1997（5）：32.

③ 陈钦智．数字化环境中图书馆的新机会和新任务．跨世纪的图书情报之窗．上海：上海市图书馆学会，1997：153.

终身学习是现代社区居民的基本需求。善于创造性思维和工作的人，毫无例外地都是一生中不断学习的人，终身学习的基础在于个人。美国图书馆专家路易斯·肖（Louis Shores）把人们查询知识的能力称为参考（reference），即传统的智力3R（reading阅读、writing写作、arithmetic计算）之后的第4个R。他在学生时期曾听人说“懂得如何能查找到所需要的知识，等于掌握了知识的一半”的话很受启发，从此，就下决心研究如何去掌握这一半的知识，不久他提出了图书馆基本参考藏书的构思。就是说，参考是获得和运用知识及信息的能力，图书馆的使命不在于如何教育人，而在于如何让读者分享（share）它所配备的知识和信息资源。[①]

21世纪是终身学习的世纪。各国都把终身教育放在重要的议事日程上。1997年加拿大信息高速公路咨询委员会提交的一份报告指出，在知识成为主要资源的全球经济中，国家人才资源的质量成为确保竞争力的关键。在知识经济社会中，促进繁荣的关键在于工作者对信息的有效利用。学习必须扩展到工作和生活的每一个方面。[②]1990年，日本颁布了振兴终身学习的法律，提倡讲学习，克服讲学历的思想。学习化社会强调的不是过去曾经学过什么，而是现在正在学习什么、怎样学习。[③] 日本政府16个省厅（相当于中国政府的部委）联合组成终身学习审议会（文部省原有的社会教育

① 吴建中．21世纪图书馆展望．上海：上海科学技术文献出版社，1996：82.

② Information Highway Advisory Council Secretariat. Connection，Community，Content：the Challenge of the Information Highway. 1997-05-16. http://strategis.ic.gc.ca/cgibin/dec/wwwgetch?/ stml/ih01037e_pr702.sgml.

③ 塩見昇．図書館概論．東京：日本図書館協会，1998：14.

审议会成了终身学习审议会的一个分会）[①]，共同推进终身教育战略。欧盟 1998 年 5 月 27 日出台了 3 项关于在 2000 年至 2004 年期间加强教育、职业培训以及青年培养的计划，[②] 即有关教育的“苏格拉底计划”、有关职业培训的“达・芬奇计划”和有关青年培养的“青年计划”。这项计划的目的是促进对欧盟成员国公民、尤其是青年的终身教育和培训，逐步形成“欧洲教育区”，为“走向知识化欧洲”作准备。为此，各国公共图书馆都把广泛普及和推广终身教育作为自己的中心任务，并开设学习中心，开展各种读书辅导活动。

在社会转型的时代，城市能否适应新形势、实现新跨越，取决于人力资源的支撑。那么，现在全球人才技能处于什么样的状态呢？

2013 年 10 月 8 日，经济合作与发展组织（OECD）发布了“国际成人能力评估计划”（PIAAC）调查结果。本次调查在美国、日本、韩国、德国等 24 个国家的 15.7 万名 16 至 65 岁间成人中进行，主要比较他们在读写、计算和在富含信息技术的环境中解决问题的能力。

读写能力（literacy），主要考察理解、评价、应用书面文章的能力；数字能力（numeracy），考察搜集、利用、分析数字信息并进行沟通的能力；在富含信息技术的环境中解决问题的能力

① 柴田正美. 21 世紀に向けての図書館学教育. 図書館界，48（6）：510.

② 文汇报，1998-05-29（3）.

（problem solving in technology-rich environments），考察使用数字技术、沟通工具及网络的能力。除了基础考题外，被调查者还参加了一些实际生活技能测试，例如利用图书馆目录查询信息、作为推销员计算报销里程、整理电子邮件和比较杂货店食品标签的保质期等。

根据调查结果排名，“读写能力”前五名的国家是日本、芬兰、荷兰、澳大利亚、瑞典；“计算能力”前五名的国家是日本、芬兰、比利时、荷兰、瑞典；“在富含信息技术的环境中解决问题的能力”前五名的国家是瑞典、芬兰、荷兰、挪威、丹麦。

调查发现，英国在读写能力上排名倒数第三，在计算能力上排名倒数第四，英国工业联合会主席约翰·克里特兰德（John Cridland）称此消息令人震惊，他说：“这犹如经济运行的慢动作中的一次撞车事件。”① 美国也不理想，总体低于全球平均水平。② 调查还发现，美国和英国的年轻人的技能水平远远低于 50 至 65 岁的中老年人。经合组织暗示美国和英国：“一些国家除非采取行动提高青年人的技能熟练度，否则未来几十年里，这些国家的经济将出现疲软。”③

OECD 还有一个针对学生的调研项目，称为“国际学生评估项

---

① Randeep Ramesh. Business leaders issue stark warning following OECD education study. The Guardian，2013-10-08.

② Joy Resmovits. OECD Skills Test：U.S. Adults Lag In Practical Workplace Skills. The Huffington Post，2013-10-08. http://www. huffingtonpost. com/2013/10/08/oecd-skills-test_n_4061097. html. [2013-10-09].

③ 王欢．国际成年人能力评估：美国低于全球平均水平．中新社，2013-10-09. http://www. chinanews. com/gj/2013/10-09/5352280. shtml.

目”（PISA）。该组织 2009 年第四次调查，对象为 65 个国家和地区的约 47 万名 15 岁的学生。中国有上海、香港、澳门和台北四地的学生参与。上海是中国大陆第一个正式参加该测试的地区。调查项目分为阅读素养、数学素养和科学素养三个领域，上海学生在这三个领域都位居第一。[①] 该调查发现，上海女生阅读能力优于男生，学生自我调控策略为－0.28，低于 OECD 的平均值。但调查总体上肯定了中国基础教育的质量和中国学生的学习能力。在 2012 年第五次调查中，上海依然取得三领域均位居第一的成绩。

此外，全球人才技能鸿沟（skills gap）也相当严重。据普华永道（PWC）对全球 39 个国家 4 万个企业的调查，34% 的企业认为难以找到合适的人才，美国甚至达到 52 %。[②] 麦肯锡咨询公司预测，到 2020 年，人才供求缺口将达到约 2 400 万。[③] 这一问题在发展中国家更为严重，据有关调查，中国高达 74%，以下依次为巴西 63%、俄罗斯 57%、印度 53%。[④] 在中国，一些跨国公司经常从海外调人出任在华高管，而不聘用中国人。尽管中国每年有超过 60 万的工程专业毕业生，但有研究指出具有外国跨国公司所需技能的仅有十分之一。[⑤]

---

① 王婧．上海孩子阅读数学科学素养第一．新闻晨报，2010-12-09．

② PWC. New Solutions to Close the Skills Gap. 2013-09-06. http://www. pwc. com/us/en/people-management/publications/solutions-close-skills-gap. jhtml.

③ 美媒：中国大学毕业生缺乏“软技能”．拉纳 · 福鲁哈尔．2013-07-01. http://news. xinhuanet. com/cankao/2013-07/01/c_132500583. htm.

④ Survey：Skills Gap Hurting Top 10 Economies. TM Talent. 2013-09-01. http://talentmgt. com/articles/view/survey-skills-gap-hurting-top-10-economies.

⑤ 美媒：中国大学毕业生缺乏“软技能”．拉纳 · 福鲁哈尔．2013-07-01. http://news. xinhuanet. com/cankao/2013-07/01/c_132500583. htm.

在实体经济回归的时代，城市要转型，学校教育也要反思。以前一味追求大学扩招，好像只有大学本科以上的才是人才。有调查发现，在不远的将来只有三分之一的人需要四年制大学教育，而对于余下的三分之二的人，职业教育是最合适的选择。[①] 近年来全球都存在严重的技能鸿沟现象。有一项调研表明：有超过一半的企业无法找到有合适技能的学生，就小企业而言，67% 认为很难找到技术工。[②]

学校教育需要反思，图书馆也需要反思。我们不能指望大学教会学生走向社会后的所有技能，所以提倡终身学习，而图书馆就是终身学习的最佳场所。在整个社会从学历社会向能力社会转型的过程中，图书馆应主动承担起终身教育的社会责任，更加关注为人的全面发展提供基本技能的服务。

以前图书馆的文化被认为是一种阅读文化，即 culture of literacy。Literacy 指的是读写能力，就是我们通常说的 3R（reading，writing，arithmetic），即读、写和计算能力。这是一个人生存和工作的最基本能力。早期公共图书馆最重要的一项任务就是扫盲。如今，全球识字率普遍提高了，但现在找工作光有读写能力是不够的，还需要具备较高层次的素养，如信息素养、技术素养、科学素养、职业素养等，而其中最基本的是信息素养。因此，图书馆的文化不再

---

① PWC. New Solutions to Close the Skills Gap. 2013-09-03. http://www.pwc.com/us/en/people-management/publications/solutions-close-skills-gap. jhtml.

② More on closing the ‘Skills Gap’ ... Resume Not. 2013-09-06. http://resumenot. com/blog/.

限于阅读的文化，而向多元素养拓展，成为 culture of literacies，变成了复数的素养了。美国有一个网站叫“超越素养”（Beyond Literacy），实际上它是一本书，由加拿大圭尔夫大学图书馆里德莱（M. Ridley）馆长主持，全书有 20 章，呈互动、开放状态，由一批学生共同参与并维护。这本书告诉我们，现在是“后素养”（post literacies）时代，所谓“后素养”，指的就是包含信息、数字、技术等多元素养。[①]

《超越素养》这本书给予我们什么启示呢？就图书馆而言，以前更注重阅读；现在图书馆的主流业务已经从重借阅转向重综合素养，更加关注为人的全面发展提供基本技能的服务。

由 OCLC 研究所为主编辑的《美国博物馆与图书馆服务协会焦点：学习在图书馆》（*IMLS Focus: Learning in Libraries*）报告于 2015 年 9 月 3 日正式发布。该报告聚焦图书馆学习方式的演变与发展，提出要关注参与式学习、早期学习、成人教育、劳动力发展、继续教育、专业发展、数字素养和包容。报告从以下四个领域展开：一是开发为适应 21 世纪图书馆事业发展需要的图情教育和专业能力；二是加强图书馆现场的实践与调研；三是设计参与式学习项目以促进创新和扩展；四是推进跨学科合作以提升全国范围的图书馆服务。[②] 该报告不仅要求图书馆关注学习方式的变

---

① Michael Ridley. Towards post literacy. Beyond literacy. 2013-09-06. http://www.beyondliteracy.com/towards-post-literacy/.

② OCLC Institute. IMLS Focus：Learning in Libraries Report Available. 2015-09-03. http://www.oclc.org/research/news/2015/09-03.html.

化，而且增加了劳动力发展、数字素养等新要素，拓宽了图书馆服务的视野。

国内大多数图书馆仍处在以借阅为中心的状态，即使是一些开放不久的新馆，在新馆调研中也没有预测到图书馆会发展得这么快。一般来讲，我们看一个新馆不仅是看它的建筑艺术或专业功能如何，而是观察它的未来性，因为每一个新馆在调研的时候都会确保新馆在10年20年不落后，但我们是否预测到以借阅为中心的服务模式已经到头了呢？借阅是图书馆的主流业务之一，这一点在我们有生之年是不会改变的；但新的业务正在兴起，我们应有足够的思想准备。

今天，我们正处在以借阅为中心的服务体系向以学习为中心的多元服务体系发展的转型期。过去我们注重培养读者的阅读能力，现在我们注重与读者一起共同创造学习的环境，不仅读者要学习，馆员也要学习，而且是互动的学习。学习方式变化了，图书馆服务的方式也要跟着变化，以前更强调馆员为主体，对读者开展阅读辅导。现在更强调互动式的学习，读者之间也可以开展学习辅导和交流。

今后，图书馆不仅要重视阅读素养，也要为提升民众的职业素养服务，为城市就业和减贫做出贡献；为提升民众的学习能力服务，造就一批具有数字和技术素养、面向未来的人才。现代科学技术的蓬勃发展为图书馆施展用武之地提供了无限的可能性，所以图书馆要适应形势的发展，拓展自己的空间。

文化娱乐中心

数字图书馆或者虚拟图书馆的出现在很大程度上改变了传统图书馆的信息处理和读者服务方式，但是，公共图书馆作为一个为市民服务的社会文化机构的性质并没有改变。图书馆向公众提供的服务将远远超出书的范围，它既是一个终身教育的中心，又是一个文化娱乐的中心。市民通过这一社会文化设施，学习知识，交流思想，欣赏艺术，陶冶情操。

现代图书馆不仅向读者提供舒适的阅读环境，而且还向社会提供文化活动的场所。几乎每一个新建的图书馆都把文化活动设施看成是图书馆建筑的一个重要组成部分。上海图书馆有 2 个宽敞的展示厅、一个上下两层共 764 只座位的报告厅、一个 300 只座位的多功能厅和 4 个学术会议室。此外还有音乐欣赏室、放映室、视听室和钢琴室等视听服务设施。在上海图书馆不仅可以举行国际性的大型展示会、报告会和研讨会，而且可以放映电影、录像或进行各种文艺演出。上海图书馆会展中心不仅组织讲座活动，而且还举办各类朗诵和合唱活动。2003 年成立了上图朗诵团，团员由来自各行业的朗诵艺术爱好者组成。从原先接受朗诵艺术培训，到后来可组织举办朗诵会、进行较为专业的朗诵表演，“上图朗诵”获得 2005 年上海市第三届优秀公关案例银奖。

为了给读者创造一个温馨而又易于亲近的环境，图书馆员充分挖掘自己丰富的想象力，推出各种深受读者欢迎的服务设施和服务方式。如，纽约市布鲁克林（Brooklyn）公共图书馆总馆以及下属分馆利用周围的绿化场地，开设阅读花园（Reading Garden），为读者提供贴近大自然的阅读空间；在花园里，读者既可以赏花，又可以阅读。在海牙市立图书馆，有一个阅读咖啡厅（Reading Café ），这里不仅供应咖啡、饮料以及各种点心，而且在周围放着很多报纸、画报之类的轻读物，读者一边饮茶，一边看书，别有一番情趣。

图书馆是否应该开设咖啡厅或餐厅？有人认为，图书馆是知识殿堂，开设咖啡厅或餐厅是很不严肃的事情。美国图书馆学者皮尔斯（William Pierce）认为："图书馆是人们获取和交流信息的场所，作为一个公共图书馆的管理者，应该更多地去考虑如何扩展图书馆在社区的影响。图书馆咖啡厅可以为读者营造一个温馨的环境和气氛，使读者有一个亲切、友好、下次还会再来的感觉。"① 在美国，《圣地亚哥联合论坛》（*San Diego Union Tribune*）曾经为当地新馆需要哪些设施和服务进行了舆论调查，结果发现，半数以上的读者赞成图书馆开设咖啡厅。② 我访问过的大阪府立图书馆、大阪市立图书馆、海牙市立图书馆、鹿特丹市立图书馆和新南威尔士州立图书

① William Pierce. Library Cafes：Next Logical Step. 2002-11-01. http://libres.curtin.edu.au/libre7n1/pierce.htm.

② 见：1998-05-22. http://bubl1. lib. strath. ac. uk/ns-search/journals/lis/kn/libres/v07n0197/pierce. htm.

馆都建有读者咖啡厅或餐厅，尤其是新南威尔士州立图书馆的玻璃屋咖啡厅（Glass House Café），处于该城市的中心位置，玻璃屋选用造型奇特的玻璃天棚，明亮而宽敞，在建筑上很有特色，成为当地文化旅游的一大景观。该设施向社会开放，很多机构和私人利用该场所举行各种仪式或庆典活动。

有些图书馆为了让读者感到更加宽松和亲切，设立了各种各样使读者不觉得拘束的场所，如底特律湖（Detroit Lake）公共图书馆的“闲谈角”（Gossip Corner）、卡迈尔克莱公共图书馆（Carmel Clay Public Library）的“非技术区”（Technology-free Zone）等。[①]

此外，图书馆还利用自己得天独厚的文化设施，举行各类文化艺术活动。美国国会图书馆每年举行各种室内音乐演奏会、演讲和研讨会等。音乐会上演奏的录音还通过广播电台在全国各地播放。该馆还举行各种馆藏版画、照片、地图、乐谱、珍本以及稿本等的展览会，并到各地图书馆巡回展出。该馆的美国民俗文化中心经常组织午餐时间音乐会（lunchtime concert），从每年的5月至11月在杰弗逊大楼前的广场举行由各音乐团体演奏的音乐会。有些图书馆还通过组织艺术家或业余爱好者为图书馆读者演奏世界名曲或当地民族音乐来普及音乐文化知识，同时为图书馆营造一个优雅的文化氛围。在日本八日市立图书馆一楼的开架阅

① Sam Demas and Jeffrey A. Scherer. Esprit de Place. American Libraries，2002（April）：65-68.

览室里，放着一架大钢琴，该馆常常在闭馆以后，举办诸如“钢琴晚会”“钢琴和大提琴晚会”以及合唱等音乐会，每次都能吸引约200名听众。[①]

很多公共图书馆都有吸引青少年的文化设施和服务活动。1985年7月我初访美国，在纽约公共图书馆分馆看到一群孩子在儿童阅览室临时搭建的一个木偶剧场观看木偶戏，当时感到很奇怪，后来发现几乎每个公共图书馆都有类似的儿童服务设施，而且各馆都有自己的特色。如专供儿童表演节目的小舞台、人造星空的小剧场、小小故事会的专用会场以及各种游乐设施。德国德累斯顿市有一个专门为青少年设立的图书馆，该市的青年艺术与文学俱乐部与图书馆合作，于每周六晚上7时至午夜举办午夜图书馆活动。年轻人不仅能自由地阅读图书和报刊，而且还可以与作家、学者交流思想，讨论问题；同时还可以听音乐、拉小提琴或学习电脑等，在图书馆里度过一个有意义的夜晚。[②]

国内新开放的首都图书馆少儿馆近4 000平方米，不仅面向儿童的各类设施设备新颖特别，而且儿童服务理念上有很大突破，儿童成了这里的主角，他们不仅可以自己制作电子书，可以将自己制作的电子书打印成实体书，而且还可以自由地体验各种信息工具。这里还设置了很多儿童交流空间和儿童作品展示空间，令儿童在这里尽情创造和自由畅想。

---

① 塩見昇．図書館概論．東京：日本図書館協会，1998：123.
② 刘织，那春光．城区图书馆管理理论与实践．大连：大连出版社，1998：94.

多元文化服务

图书馆多元文化服务是近几十年才兴起的。1979 年在瑞典召开国际图联研讨会的时候，丹麦文化部官员彼德森（J. Petersen）在会上提出图书馆要为少数民族少数语种的人提供特殊服务的问题，并建议国际图联为此成立专门机构。国际图联接受了这一建议，于 1980 年成立了工作小组，后来升格为圆桌会议。1986 年在国际图联东京大会上，又进一步升格为分委员会（Section of Library Services to Multicultural Populations），并出版了《多元文化图书馆事业杂志》（*Journal of Multicultural Librarianship*）创刊号。1987 年，国际图联发表了《多元文化社会：图书馆服务方针》（*Multicultural Communities: Guidelines for Library Service*），[①] 到 2011 年已经出版了第 3 版。一般而言，在一个地区，某一语言或民族群体超过 300 个人，这个群体就应该得到与社会公众同等的服务。[②]因此，图书馆应配备用少数语种的语言或者这些少数群体能够接受的语言书写的资料、反映少数群体文化的资料、为学习通用语言或母语所必需

①，② 深井耀子．多文化社会の図書館サービス：カナダ · 北欧の経験．東京：青木書店，1993：3-4.

的资料以及相关的视听资料。此外，在服务方面，除了借阅服务外，图书馆还要为少数群体提供其他服务，如介绍当地情况、帮助他们学习和掌握当地语言以及上门服务等。2006 年 8 月国际图联管理委员会通过了由图书馆多元文化专业委员会（IFLA Library Services to Multicultural Populations Section）起草的《多元文化图书馆宣言》（*IFLA Multicultural Library Manifesto*）。2009 年 10 月在巴黎举行的联合国教科文组织（UNESCO）大会上，通过了国际图联的《多元文化图书馆宣言》。其主要原则是：

全球社会中的每一个人都有权获得全方位的图书馆与信息服务。为解决文化和语言多样性问题，图书馆应：

为社区全体成员服务，而不应有基于文化和语言遗产的歧视；

以适宜的语言和文字提供信息；

开放各种反映所有社区及其需要的资料和服务；

聘用的员工要反映社区的多样性，并接受过与不同社区的人一起工作并为其提供服务方面的培训。

多元化文化与语言环境里的图书馆和信息服务既包括为各种类型的图书馆用户提供服务，也包括专门针对服务水平不足的文化和语言群体提供图书馆服务。应特别关注多元文化社会中常常被边缘化的群体：少数民族、寻求庇护者和难民、持临时居留证者、移民工人以及土著群体。

在国际上，图书馆多元文化服务比较普及。尤其是发达国家的城市，对图书馆多元文化服务都有明确规定，如澳大利亚维多利亚州专门制定了图书馆多元文化服务标准。[①]

上海图书馆近年来致力于多元文化服务的探索，不仅在网站上设立了中、英、日、俄4种语言；同时为了更好地为外籍读者服务，上海图书馆印制了多语言读者指南册页，涵盖中文、英文、法文、德文、日文、阿拉伯文、荷兰文、意大利文、匈牙利文、西班牙文、希腊文、韩文、俄文、塞尔维亚文、葡萄牙文、泰文、芬兰文、波斯文、希伯来文等19种语言。国内不少城市的图书馆在公共区域标识上使用中英两种语言，方便了来访的外籍读者。但是，国内制定多元文化政策和规范的城市并不多。由于语言问题，大量外籍人士无法公平地享受城市应有的公共服务，这不仅有损城市形象，而且也反映了城市公共服务缺位的问题。作为新移民，他们应该享有城市为一般市民提供的各类设施和服务；而作为外籍人，他们也是城市的主人，不应该由于文化差异和语言隔阂而受到不公平的待遇。作为国际化都市，多元文化政策与服务不是可有可无，而是必不可少。开展多元文化服务，不仅能让所有外籍和外来人员心情舒畅地生活和工作，而且能吸收优秀外来文化，吸引优秀外籍人才。

中国的图书馆在贯彻少数民族政策上是卓有成效的。在一些少数民族地区，都可以看到汉语和当地的少数民族语言的双语或多语言标识。除了全国性的中国民族图书馆外，新疆、宁夏、内蒙古、

① Standards For Multicultural Public Library Service. 1982. Prepared by the Standards Subcommittee of the Working Group on Multicultural Library Services (Victoria). 2012-03-18. http://www. openroad. net. au/mcl/archive/standards82. pdf.

广西、西藏等5个少数民族自治区都已经建立起了自治区图书馆。在374所少数民族地区图书馆中，有三分之二以上的馆舍是20世纪80年代以后兴建的[①]。各种少数民族语言资料数据库也相继建成，由内蒙古自治区图书馆编制的蒙古文图书数据库还获得了1996年度文化部科技进步二等奖。

图书馆与其他文化机构的合作

图书馆是社会的知识共享空间，图书馆应主动与博物馆、文化馆、群众艺术馆等合作，形成文化共同体，为社区居民提供知识服务。与其他文化机构相比，图书馆作为第三空间的功能更明显、社会关联度更突出，无论是社会机构、团体还是个人都需要信息和知识，作为信息和知识中心的图书馆在文化共同体中自然承担着中坚和协调的角色。

一、文化共同体中的公共图书馆

公共图书馆与博物馆、美术馆、影剧院、文化馆等机构一样，都是向社会开放的文化设施。这些机构常常联手开展地区性的文化计划或组织多样化的文化活动。比如，在某个庆典或纪念活动中，

① 吴慰慈等. 蓬勃发展的中国图书馆事业. 北京：书目文献出版社，1996：82.

各类型的文化机构和组织在同一的主题下发挥各自的优势，开展丰富多彩的活动。

“文化森林”——日本德岛县德岛市离市中心 5 公里的地方，有一个被称为“文化森林”的城市公园，园内有县立图书馆、县立博物馆、县立近代美术馆、县立档案馆和县立 21 世纪馆 5 大文化机构，此外还有户外剧场，占地 40.6 公顷，其中县立图书馆建筑面积为 4 354 平方米。1990 年，该县推出“德岛县文化学习情报系统”、即 COMET（Computer-operated Multi-exchange of Tokushima）进入家庭计划，把该系统与家庭电脑联结起来，使用户可以利用电子邮件、电子告示板和电子会议室，并获得有关新闻、讲座、展览等各种文化信息。该系统已向社会开放图书馆、博物馆、近代美术馆、档案馆以及 21 世纪馆等 5 大数据库。

“媒体中心”——仙台媒体中心（Sendai Mediatheque Project）工程[①] 是仙台市一个跨世纪的文化工程，由原艺术博物馆、青叶区图书馆、影像中心和为残疾人服务的视听中心 4 大功能块组成。中心建筑面积为 2.1 万平方米，于 2001 年建成。该中心的目标，是为市民开展知识探索和创造活动提供各种载体的知识资源和发表成果与作品的渠道。

“文化屋”（Kulturhus）——是指在同一屋檐下的不同文化机构的联合体，在北欧比较流行。它指在同一个屋檐下、同一个管理体制下，同时开展一系列不同的文化活动，包括书店的分店和

① 见：http://www.media.navis.co.jp/begin.htm.［1998-06-04］.

图书馆内医疗保险公司的服务台，以及与银行、邮局、社区中心和旅行社的合作项目。[①] 这一想法的目的是把一些在小社区中很难开展的活动，归在同一个管理组织下，这些活动常常可以得到来自政府或企业的资助。公共图书馆在这一联合体中往往发挥着核心的作用。

在一些小型的城市或乡镇，或者大城市的地方行政区域，如区或街道，为了方便当地居民，更好地发挥文化机构的集合优势，图书馆往往与其他文化部门组成联合体，在同一个屋檐下为居民提供文化服务。将不同的文化设施集中在一起的长处在于：

（1）可以提高当地民众对这种联合体的认知度和设施的利用率；

（2）可以利用各自的优势发展新的增长点，开展新的服务项目；

（3）由于这些机构在同一个大楼里运作，可以节省大量的诸如建设、维持和管理方面的经费。

因此，这种联合体往往很受当地行政部门以及民众的欢迎。

二、与其他功能整合的公共图书馆

近年来不少公共图书馆致力于功能拓展，将原有的阅读设施与社区的其他服务如社区咨询和职业培训结合起来。如伦敦东区陶尔·哈姆莱茨区（Tower Hamlets）的公共图书馆改变原来只提供借阅服务的做法，将社区信息咨询和职业培训纳入图书馆，馆里除了

① D. 舒泊斯特拉. 愿望与问题：公共图书馆能生存下去吗? 跨世纪的图书情报之窗. 上海：上海市图书馆学会，1997：10.

有教室，还有舞蹈练习厅。该馆采用连锁店的形式将集学习、信息和图书馆于一身的办馆模式复制到整个区的图书馆系统之中。概念店模式之所以在全球有一定的影响力，是因为人们已经充分地意识到，未来公共图书馆就像社区里居民需要商店、银行、邮局和健身房一样，是社区必备的设施，是社区必要的服务。

图 7–4　英国伦敦东区被称为“概念店”的公共图书馆

第八章

功能二：图书馆是信息传播与交流中心

经常有人问我：网络化、数字化以后，我们还需要实体图书馆吗？

网络化、数字化虽然改变了人们学习的方式，但并没有改变人们交流的欲望；相反，网络化、数字化越发达，交流的方式越丰富，人们交流的欲望越强烈。人们不仅希望在社交网站上交流，更希望有面对面交流的空间。

在国内外公共图书馆里，我们常常可以看到有关该城市或地区各种信息的宣传资料。通过公共图书馆这一信息辐射和交流的窗口，人们可以及时了解该地区最新的动态，获得自己所需要的信息。对市民和游客来说，图书馆是可信赖的信息来源。

图书馆积极参与并承担信息资源组织与建设的重要角色。不少公共图书馆还承接政府部门委托的社区信息主页的制作业务，使世界各地的读者都可以在网上查到本地的信息，有的公共图书馆还将本馆拥有的地方文献或特种资料数字化并向网上传送。所谓 Global Reach Local Touch，即“通达全球，触及本地”，更是将图书馆的地位提升到连接世界信息源枢纽的高度。因此，图书馆不仅是地区的综合信息传播与交流中心，而且是地区的重要信息枢纽和网络中心。

数字鸿沟

信息通信技术（ICT）在推动社会发展的同时也带来了新的挑战。由于信息基础设施、教育水平和信息素养的差异，使得信息、知识、机遇、收入在发达国家和发展中国家之间，在受到良好教育的高收入群体和受教育少、低收入群体之间的差异扩大。中国科技部前部长朱丽兰曾指出：世界科技活动的80％以上掌握在发达国家手中，不断扩大的数字鸿沟，正在使占世界人口近半数的低收入国家远离世界经济的主体。[①] 而且，发达国家和发展中国家在互联网用户数量方面的差距比其在国民收入方面的差距更为悬殊。[②] 国际电信联盟公布的数据表明，发达国家能够使用固定宽带互联网服务的人口已占其总人口的77%，而发展中国家只有31%。更为严重的是，全世界大约2/3的人口、约45亿人至今根本就没有机会使用互联网。[③] 信息资源的匮乏意味着远离创造财富的机会。

即使在发达国家内部也存在数字鸿沟的问题，比如2013年11月皮尤研究中心对美国人数字能力进行了一次现状调查，[④] 并归纳了5个数字鸿沟的因素，它们是：

（1）年龄因素：65岁以上的人有44%不上网，相比之下18—29岁的人中只有2%不上网。

（2）收入和教育因素：家庭年收入7.5万美元以上的人只有

① 钟秀斌，任建民．面对数字鸿沟，我们如何跨越．人民日报，2001-02-24.

② 龙永图．加强南南合作，消除数字鸿沟．2002-04-18. http://www. cicete. org/chinese/south/2. htm.

③ 钟声．“数字鸿沟”不能越来越深．人民日报，2013-05-23.

④ Andrea Caumont. Who’s not online? 5 factors tied to the digital divide. Pew Research Center. 2013-11-08. http://www. pewresearch. org/fact-tank/2013/11/08/whos-not-online-5-factors-tied-to-the-digital-divide/.

4% 不上网，而 3 万美元以下的，有 24% 的人不上网；同样，大学生仅 4% 不上网，而没有高中文凭的人中有 41% 不上网。

（3）区域因素：全国有 14% 的城乡居民不上网，而居住在边远农村不上网的有 20%。

（4）残疾因素：46% 的残疾者不上网。

（5）种族因素：说西班牙语的人有 24% 不上网。

当问起为什么不上网的原因时，三分之一的人说互联网与他们的生活无关，另有三分之一觉得上网不方便或无法联网，五分之一的人因为财力问题无法上网。今后越来越多的工作机会产生于信息产业或者与信息技术密切相关，我们不应低估数字鸿沟对社会和经济的影响力。一个人的贫富在很大程度上取决于这个人获取财富和资源的能力，因此良好的信息素养是现代社会安身立命的必要条件。

在过去的 100 年里，图书馆员一直致力于架设“信息拥有者”和“信息匮乏者”之间的桥梁。[①] 作为图书馆的任务之一，图书馆员已将“用户教育”发展为帮助不同年龄、种族、语言、宗教、性别和身体条件的用户培养学习技能。“信息素养”由“用户教育”发展而来，例如目录查询技能。由于信息通信技术的出现，这种教育开始在现代社会中与信息能力密切相关，并且成为不可缺少的东西。1989 年，美国图书馆协会将信息素养定义为：一个有信息素养的人，必须能够确定何时需要信息，并具

① Digital Divide. 2002-04-18. http://www. ala. org/oitp/digitaldivide/.

有检索、评价和有效使用信息的能力。[①] 信息素养不只是目录查询加上键盘操作的组合技能，它是一种解决信息问题的能力。国际图联专业委员会从2002年起把“用户教育分委员会”改名为“信息素养分委员会”，就是为了唤起图书馆员的角色意识并跟上新形势的需要。

国际电信联盟将2002年5月17日世界电信日的主题确定为“信息通信技术为全人类服务：帮助人们跨越数字鸿沟”，并从2003年起举行信息社会全球峰会，呼吁全球关注数字鸿沟的问题。图书馆是解决数字鸿沟的核心力量，图书馆员已经扮演并将继续扮演帮助他们的用户提高信息素养的重要角色。近年来国际图联通过参与国际电信联盟的“信息社会世界峰会”来表达“获取信息将成为支撑发展的根本要素”的观念。国际图联从2003年峰会发起到现在，都在积极参与并表明国际图书馆界的立场。当联合国启动后2015年发展议程时，国际图联积极参与政府和国际组织间的谈判，希望未来15年联合国能把信息获取作为一个战略写入文件中，并通过《里昂宣言》进一步表达自己的立场。在国际图联的努力下，《变革我们的世界——2030年可持续发展议程》这一联合国文件在一定程度上采纳了国际图联的意见。

从近期发表的国际图书馆文献可以看到这样一种趋势，即图

---

① American Library Association. Presidential Committee on Information Literacy. 1989-01-10. http://www. ala. org/acrl/nili/ilit1st. html.

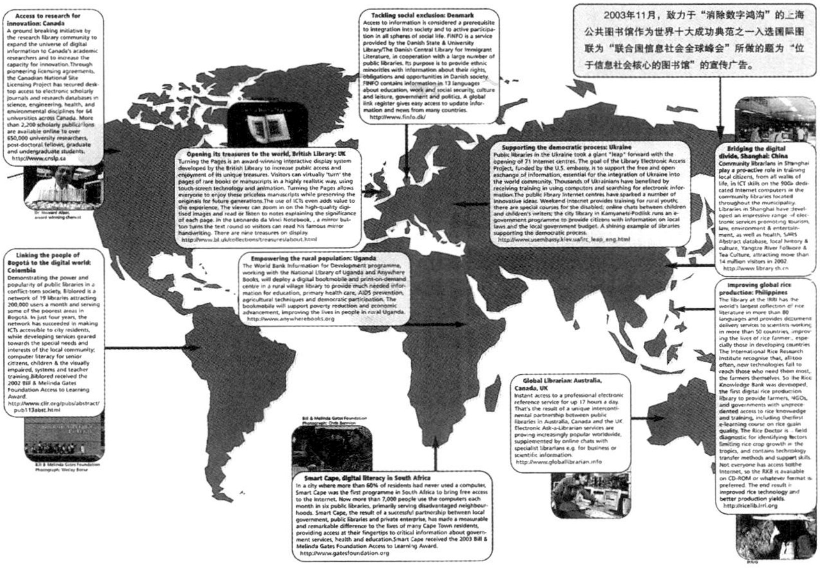

图 8-1 2003 年信息社会世界峰会上国际图联的宣传广告

书馆尤其是公共图书馆的业务重心将逐渐从只关注阅读向包括阅读在内的更广泛的素养教育发展，而且更加突出信息素养和技术素养，让更多的人能通过具备这些素养在富有挑战的信息化时代做有准备、有作为的人。

数字阅读

21 世纪是一个数据的世纪，全球每天产生的数据量已经达到

2.5 艾字节，相当于 7 500 个美国国会图书馆的馆藏。[①] 这么多数据不是一下子冒出来的，其实以前也有，只不过我们没法将它们全部记录下来；绝大多数都被我们当作无用的信息过滤掉了，保存下来的只是极少数；而图书馆收藏的就是这些“极少数”中的“极少数”经过过滤的信息。如果图书馆只是收藏这些“极少数”信息的话，那么图书馆真的就要消亡了，因为它已经无力承担起记录人类文明的使命了。

在不远的将来我们将进入数字时代，但纸质书将与之并存，这已经成为国际图书馆界的共识。这些年来，人们都在关注数字出版销售额何时能超过纸质出版。前面已经提到，美国电子书与纸质书销售出现逆转的时间是 2017 年[②]，过了逆转的临界点，数字出版毫无疑问将成为出版的主流形态。而现在大部分图书馆都是缺乏准备的，很多图书馆连基本的电子书服务都没有，更谈不上数字化服务了。

在一些发达国家的图书馆里，电子书服务比较普遍。根据美国图书馆协会的调查，已经有 94% 的美国公共图书馆提供电子书服务。[③] 在国内，国家图书馆、首都图书馆、深圳图书馆等正在大力推

---

① The surprising things you don’t know about Big Data. 2015-03-15. http://bigdata-madesimple.com/the-surprising-things-you-dont-know-about-big-data/.

② PWC. 美国电子书销售在 2017 年将超过纸质书［EB/OL］.［2013-09-06］. http://data. eguan. cn/qitashuju_165349. html.

③ 電子書籍を提供している公共図書館は 94%（米国）：Library Journal 誌と School Library Journal 誌による共同調査より．2015-10-29. http://current. ndl. go. jp/node/29811.

进电子书借阅服务。上海图书馆从2009年推出电子书阅读器外借服务起，一直在探索如何使电子书与纸质书借阅一样进入常态。2012年上海图书馆开展市民数字阅读推广计划，着力从普通读者可接受的方式推进电子书服务，并与区县公共图书馆合作，将2 000台阅读器开放给读者，通过加大阅读器外借力度的做法让读者逐步适应电子书阅读。下一步的目标不是由图书馆购买更多的阅读器，而是利用云服务，采用国外流行的BYOD（自带设备）的方式，激活读者手中的各类电子阅读设备。当然电子书格式的统一还有一个漫长的过程，上游的问题不解决，图书馆再怎么做也难以影响整个电子书行业的发展。图书馆工作者管理的不是载体，而是内容，今后向读者呈现的应该是一个平台、一个目录的一站式服务体系。

有些人担心，数字阅读会对正常阅读带来不利影响，甚至认为数字化阅读是一种碎片化阅读。联合国教科文组织的一份题为《移动时代的阅读：发展中国家移动阅读研究》（*Reading in the Mobile Era: a Study of Mobile Reading in Developing Countries*）的调查报告，提出移动阅读对于激活阅读兴趣具有一定作用，并能让不阅读或少阅读的人通过移动设备逐步养成阅读的兴趣，成为阅读者。调查发现，原本不喜爱阅读的人群中，有三分之二在接触移动阅读后改变了态度，变得更喜爱阅读了；而且移动阅读为弱势群体特别是妇女和女童，以及那些不能获取纸质书人群的扫盲开辟了新的途径。[①]

---

① UNESCO. Reading in the mobile era：a study of mobile reading in developing countries. 2014-04-23. http://unesdoc. unesco. org/images/0022/002274/227436E. pdf.

社交网络

图书馆在提供人际交流亲切感的基础上，也应利用互联网的传播优势，采用微博、讨论板以及视频社交等网络工具开展图书馆交流活动。

英国图书馆应用社交网络相当普遍。英国政府原来有一个“人民的网络首创计划”（People's Network Initiative），旨在推动民众广泛利用信息通信技术，提高互联网的使用和信息素养。如今英国大部分图书馆利用Facebook、Twitter、YouTube、Flickr等开展信息服务，尤其是由英国图书馆员自发建立的“图书馆之声”（Voice for the Library）微博平台，在宣传推广图书馆利用、抗议政府削减图书馆经费方面取得显著成效。2011年夏，英国广播公司（BBC）在一次报道中错把2006/2007年间英国公共图书馆访问人次说成31.4万，给人以图书馆利用率大幅降低的印象。英国的一些政治家经常以图书馆访问者减少为借口削减图书馆经费，而此时英国正面临公共图书馆经费大幅削减的严峻压力，因此误报给图书馆带来恶劣影响。实际上该数字应该是31 400万，一部分图书馆员迅即利用微博反驳，并建立了“图书馆之声”微博平台。现在该平台已经常规化，成为闻名英伦全国的图书馆员之间以及与读者之间的交流通道。[1]

美国社交网络发展更快。2007 年 37% 的美国人使用社交网络，2010 年这一数字达到 66%，增长了 78%。2010 年 3 月，Facebook 超过了谷歌，成为美国访问量最大的站点。根据美国图书馆协会（ALA）的调查，美国较大的公共图书馆中有 11% 在 Facebook 上开设站点，2011 年 1 月的一项研究表明，有超过 15 700 个 Facebook 的 URL 包含了“图书馆”这一名词。[2]

在国内，图书馆利用微博与读者交流已广泛普及。有人利用微博搜索功能，以“图书馆”为关键词进行检索，截至 2011 年 7 月 10 日，检索到用户名和标签中含有“图书馆”字样的微博用户数（指由实体图书馆、图书馆部门、图书馆员开通的微博数）为 422 个。[3] 国家图书馆的“人民微博”、上海图书馆的“上海图书馆信使”等微博有很高的知名度。首都图书馆 2011 年世界读书日期间开展了“图书交换大集”活动，并将这一活动搬上了微博平台，从发布活动预告到即时发布现场情况、再到参与者“晒”换书成果，首都图书馆的官方微博都发挥了巨大的作用，以最快的速度将整个活动的情况真实、完整地记录在案。据首都图书馆的工作人员介绍，“图书交换大集”的活动消息和跟进报道在微博上发布后，首图微博“粉丝”人数从不到 1 000 飙

---

① Simon Barron. A social-networking success story. ORGZine. [2012-03-18]. http://zine.openrightsgroup.org/comment/2011/a-social-networking-success-story.

② Perceptions of Libraries, 2010: Context and Community. Next Space，2011（5）. [2012-03-17]. http://www.oclc.org/reports/2010perceptions/conclusion.pdf.

③ 杨洋，李恩科. 微博在图书馆的应用现状分析. 图书馆建设，2012（2）：87.

升到2 000多，且当日来参加活动的人数也超过了1 000人，收到了很好的宣传效果。[①]

社交网络形式多样，如网上研讨会（webinar）为网络交流开辟了一个新途径。webinar由web和seminar合成，与会者只要登录后就可以全程实时参与了。与会人士无须亲身到会议现场，也可以实时参与讨论，即使身处世界各地的参加者也可以与演讲者和其他参加者直接交流，大大降低所需的时间和成本，同时可进一步扩大观众的层面。国际图联近年来利用网上研讨会扩大自身的影响力，如在2011年11月9日、15日和22日成功举办“全球信息自由网上系列研讨会”（Webinar-Intellectual Freedom across the Globe）后，又于2012年1月17日举办题为“新图书馆员国际连接：最佳实践、模式与建议”（Webinar-New Librarians Global Connection：Best Practices，Models and Recommendations），深受国际同行重视。

社交网络在人际交流方面有着更明显的优势，它不仅有一对多的特点，而且传播更自由、交流更方便。广泛利用社交网络服务，不仅有利于推进图书馆服务手段的多样化，而且有利于提高民众的信息素养，让更多的人能使用互联网丰富自己的工作和生活。不少图书馆提供免费上网、开设计算机培训课程、组织网络知识竞赛、开展电子书外借服务等，这些活动对于提高广大民众的信息素养是很有益处的。

但是，图书馆利用社交网络建立网络第三空间还处于起步

① 舒琳. 图书馆借力微博提升服务. 中国文化报，2011-05-17.

阶段。OCLC在其《图书馆认知2010》(*Perceptions of Libraries, 2010: Context and Community*)中指出，图书馆作为网络第三空间的概念还没有在网络社会得到广泛普及，[①] 说明图书馆还需要更广泛更深入地利用社交网络开展丰富多彩的信息服务。同时，我们也应该意识到，社交网络只是一种手段，并不是目的。国际知名图书馆活动家德雷克·劳(Derek Law)在《国际图联杂志》(*IFLA Journal*)2011年第12期上发表题为"*As for the future your task is not to forsee it but to enable it*"(《至于未来，你的任务不是预测它而是实现它》)一文，批评图书馆只会紧跟Facebook和第二生命(second life)等社交网络的应用，很少深刻思考自己的服务理念。他说："众所周知，社交网络对用户交流信息以及善用身边技术寻找信息的方式带来巨大的影响，但对于图书馆来说更糟糕的是，当他们占领这些空间的时候，发现用户已经转向下一个空间了。图书馆真正要做的，是在更加理性的或哲学的基点上尝试和挖掘自己的角色，以支持变化环境中的用户，而不论他们使用什么身边工具。"[②] 德雷克·劳的这些话值得我们深思。在社交网络热中，图书馆应始终保持清醒的头脑，善于利用新的技术更大限度地开拓图书馆服务的空间。

---

① Perceptions of Libraries, 2010: Context and Community. Next Space，2011(5).［2012-03-18］. http://www.oclc.org/reports/2010perceptions/conclusion.pdf. 原文是：the concept of the library as the online third place has not been "socialized" across the community.

② Derek Law. As for the future your task is not to forsee it but to enable it. IFLA Journal，37(4)：269-275.

信息共享空间

图书馆和互联网都是知识交流的平台，前者更利于人际面对面的交流，而后者交流更灵活、传播更广泛。图书馆在提供人际交流亲切感的基础上，也应利用互联网的传播优势，采用微博、讨论板以及视频社交等网络工具开展图书馆交流活动。信息共享空间就是物理空间与虚拟空间相融合的一种复合型图书馆服务方式。

信息共享空间一般来说是主题型、一站式服务的开放空间。现代多媒体技术的迅速发展，促使人们的学习方式发生重大变化。过去人们主要通过阅读来获得知识，而今天人们更适应边发微信、边上网冲浪、边玩游戏、边喝咖啡、边写论文、边听MP3的多样化学习方式。与此同时，由于现代通信技术的发达，人们通过上网就可以获得各种信息，因此，在很多地方已经出现图书馆利用率下降的趋势。信息共享空间的出现，适应了人们对于共享式学习环境的需要。更为重要的是，它为图书馆振兴创造了良好的机会，促使图书馆成为一个共同学习的公共空间。

信息共享空间是一个动态的服务模式，它为图书馆员、计算机专家、多媒体工作者以及各类用户提供了一个交流的空间。信息共享空间有许多形式，但都有如下共同特点：

（1）提供一站式信息服务；

（2）促进信息素养；

（3）推动研究与学习。[①]

信息共享空间是提供学习和使用信息技术的场所、使用和检索信息的场所，在新的学术环境中测试软件和硬件的场所、促进学术发展和创造合作机会的场所，以及支持交叉学科研究的场所。

美国图书馆学者罗伯特·希尔（Robert A. Seal）归纳了信息共享空间的基本特征，它们是：

（1）无所不在（ubiquity），每台机器都有各式软件和检索工具；

（2）适应性（utility），旨在适应各种用户的需求；

（3）伸缩性（flxibility），指适应变化的环境和技术的发展；

（4）群体性（community），即提供共同合作的空间。[②]

此外，信息共享空间有很多长处，如允许用户获取硬件、软件、多媒体以及网络信息资源即一站式服务，由图书馆员、计算机专家以及多媒体工作者在一个平台上联合提供咨询服务，培养读者检索、评价和使用信息能力等。信息共享空间强调集体学习，为读者以相互合作的方式进行学习和研究提供空间。美国德克萨

① Robert A. Seal. The Information Commons：New Pathways to Digital Resources and Knowledge Management. Preprint for the 3rd China/U.S. Conference on Libraries，Shanghai，March 2005.

② Ibid.

斯教会大学（TCU）图书馆的信息共享空间强调大学系科之间的合作，为师生提供整合型的服务。最典型的信息共享空间是由一些在咨询台工作的人员、负责电话应答的人员和解答各类问题的人员组成的。德克萨斯教会大学的信息共享空间就是由图书馆员和电脑中心人员共同承担、并由双方的管理人员共同监管的。[①] 从1992年在美国爱荷华大学出现第一个信息共享空间起，短短十几年时间里，各种形式的信息共享空间雨后春笋般地发展起来。美国研究图书馆协会2004年7月公布的调查结果表明，其成员馆开展该服务的已达30%。[②]

还有一种学习共享空间（learning commons）的提法。北卡罗莱纳大学图书馆（North Carolina State University）的唐纳德·比格尔（Donald Beagle）分析了信息共享空间和学习共享空间的区别，认为前者是由图书馆员和计算机人员为了支撑学习而提供网络服务与信息工具的空间；而后者是图书馆员、计算机人员与其他学科人员一起共同为研究与学习助力的空间，仅靠图书馆员和计算机人员是不可能达成研究与学习的目标的。因此简言之，前者支撑学校的使命，而后者实践学校的使命。[③]

英国谢菲尔德大学于2005年耗资1 800万英镑建设了一个代

① L MacWhinnie. The Information Commons：the Academic Library of the Future. *Portal*，2003（3）：241–257.

② 任树怀．信息共享空间研究进展、体系架构与实践模式．数字图书馆论坛，2009（2）：1–12.

③ Scott Bennett. The Information or the Learning Commons：Which Will We Have? The Journal of Academic Librarianship，34（3）：183–185.

表未来学习（The future of learning）的英国首个信息共享空间，该校图书馆馆长马丁·路易斯（Martin Lewis）说：“信息共享空间就是学术社区的一个共享信息资源库。”[①] 对于谢菲尔德大学来说，信息共享空间既是一个信息中心，也是一个学习中心；既是实体的空间，又连接虚拟的空间；既为学生服务，又为教职员工服务。

中国科学院文献情报中心于2006年和2010年分别设立了信息共享空间与学习共享空间，面向中科院研究生及社会读者提供计算机使用、图书借阅、报刊阅览、培训与交流等一站式服务。信息共享空间与学习共享空间设置计算机数十台，安装有各类软件支持网络浏览、文献检索、数据处理、论文写作等，并设立阅览区、网络区、研讨区、培训区、休闲区以及多媒体视听室等。

共享空间是人们共同参与信息收集、生产和研究的场所，是各种信息资源与信息工具汇聚的场所，更是人与人相互切磋与交流的场所。共享空间把信息资源与人的资源、静态资源与动态资源、印刷型资源与多媒体资源汇合在一起。今后，图书馆将会有更多的主题型共享空间出现，如讲座共享空间、地方志共享空间、旅游共享空间等，这些共享空间将有效地发挥图书馆作为知识导航的功能。

---

① Library news. Sheffield University. 2012-02-05. http://www. sheffield. ac. uk/infocommons/news.

社区网络与图书馆

社区是丰富而复杂的社会关系网，而信息对于社区的形成与发展具有重要的作用。社区网络（Community Networks），就是指那些为社区提供或获取信息的计算机信息服务系统，其信息服务包括官方通报、地方新闻、文化活动、学校信息、商业服务以及社区重大活动等。可以说，社区网络是全球或整个国家信息基础设施建设中最基层的部分，承担着重要的社区信息服务功能。社区网络通常为当地居民提供免费的联网或信息服务。早期社区网络主要为居民提供免费的上网和电子邮件服务，后来逐渐地成为社区交流的一种手段，而新兴的社交网络发展起来以后，社区网络功能有逐渐弱化的趋势。

在欧美，社区网络一般是由民间主办并免费或低价提供信息的网络，它更强调“为了社区，成于社区”（for communities and by communities）的理念。

在美国，社区网络于20世纪90年代盛行，其中西雅图社区网络（Seattle Community Network，SCN）尤为突出，它建于1994年，由民间发起，并与西雅图公共图书馆（Seattle Public Library）长期合作。该网络是“西雅图章程：计算机专业人员的社会责任”（Seattle Chapter of Computer Professionals for Social Responsibility）

的一个项目。芝加哥西北郊的帕克里奇（Park Ridge）公共图书馆也与社区网络合作多年，为社区居民提供信息服务。一般来说，社区网络信息包含社区动态、活动指南、购物和餐饮信息以及社区网站链接等。这些信息为居民了解社区信息、参与社区活动提供了方便。在这方面，社区网络与公共图书馆的服务宗旨是一致的。[①] 但是由于社区网络是民间组织的，它不仅取决于经费资助，而且在很大程度上有赖于组织者的个人热情，如美国北卡罗来纳州的 Charlotte-Mecklenburg 公共图书馆曾支持过一位热心于社区网络的史提夫·斯诺（Steve Snow）发起的“夏洛特的网”（Charlotte's Web），该网络 20 世纪末不仅在美国社区网络领域有很高的知名度，而且被美国图书馆信息资源理事会（CLIR）列入“公共图书馆、社区与技术”的十二大成功案例之一。[②] 而 2001 年斯诺离开后，该网并入了当地的一个新闻网站。

日本石川县在网络上开了一个“石川县新情报书府”，介绍轮岛涂漆器、山中漆器、九谷烧名瓷、加贺友禅染剂、加贺能登工艺等反映该县民俗文化的各种信息。该网站从 1997 年开设至今，已成为石川县内的一个重要信息窗口。[①] 日本山梨县向社会

① Mary Dalton. Library Debuts the New Park Ridge Community Network. PrintEmail. 2012-05-31. http://www. triblocal. com/park-ridge/community/stories/2012/05/library-debuts-the-new-park-ridge-community-network/index. html.

② CLR Case Studies：Public Library of Charlotte and Mecklenburg County. Council On Library and Information Resources. 2013-11-18. http://www.clir.org/pubs/reports/case/plcm07. html/plcm08.html.

① 石川新情報書府. 2013-11-18. http://www. pref. ishikawa. jp/shofu/.

开放“山梨学习网络”，该网络主要有3个内容：

（1）山梨县立图书馆情报网，内容包括26家成员馆的联合目录、各馆网址及其服务信息等；

（2）终身教育信息，分成系列讲座、文化设施、机构信息、教材资源、资格考试、窗口服务、文化资源以及乡土信息等8个数据库，其中窗口服务包括政府机构对外发布的各种信息，如社会保险、健康咨询等；

（3）公告牌功能，供政府及各有关部门发布信息或用户之间交流信息。

在我国，社区网络已成为社区建设的一项重要内容，社区信息化构成了国家信息化的微观基础。2006年初印发的《2006—2020年国家信息化发展战略》，明确提出社区信息化是“推进社会信息化工作”的重要内容，要积极“整合各类信息系统和资源，构建统一的社区信息平台，加强常住人口和流动人口的信息化管理，改善社区服务”。[①] 同时，社区网络也已经成为政府信息公开的重要窗口。我国不仅社区网络提供政府信息公开服务，而且公共图书馆也必须设置政府信息阅读点。2008年正式颁布实施的《中华人民共和国政府信息公开条例》第三章第16条在介绍信息公开的方式和程序时明确规定：“各级人民政府应当在国家档案馆、公共图书馆设置政府信息查阅场所，并配备相应的设施、设备，为公民、法人

---

① 王义等．积极推进社区信息化建设　提高社区管理和服务水平．2008-10-31. http://mzzt.mca. gov. cn/article/hxsqyth/zxlw/200810/20081000020679. shtml.

或者其他组织获取政府信息提供便利。行政机关可以根据需要设立公共查阅室、资料索取点、信息公告栏、电子信息屏等场所、设施，公开政府信息。行政机关应当及时向国家档案馆、公共图书馆提供主动公开的政府信息。”

于良芝提出，公共图书馆（特别是乡镇 / 街道和村 / 社区图书馆）作为一种社区存在，在向社区提供信息通信技术接入、开展数字技能培训、保障数字化信息获取、支持社区交流等方面发挥关键作用，是社区信息化和农村信息化的重要力量。[①]

地方历史中心

地方文献是记录与地方知识有关的资料，包括地方史料、地方人物以及地方出版物等，是了解与研究地方人文地理、政治经济、风土人情以及社会发展等的重要信息资源。图书馆有责任收藏、保存并向社会提供这些地方文献资源。

美国芝加哥市专门成立了市政参考图书馆，收集地方资料和与该市有关的剪报资料。有关芝加哥的资料在这里应有尽有，为学者和行政人员研究城市历史、现状以及未来发展提供了第一手

① 于良芝．Community Informatics 的西学东渐——期待和思考．图书馆学情报学（人大复印报刊资料），2013（7）：3–6.

资料。

东京日野市立图书馆开辟了一个市政图书室，专门收藏与该市有关的信息资料，特别是将国内外报刊上发表的相关信息做成剪报，很受当地政府官员和市议会议员的欢迎。

美国国会图书馆有一个地方史和家谱资料阅览室，向读者提供家谱查询和地方历史资料服务。该阅览室收藏有美国人口调查资料、各种家谱、方志等丰富的历史文献资料，并配备了一套耶酥基督教堂后期圣徒（The Church of Jesus Christ of Latter-day Saints）"寻根"（FamilySearch）系统。同时，读者还可以通过该馆的"美国家谱和传记索引"进行查询。该阅览室还与美国各地的家谱图书馆如印第安那（Indiana）州的阿伦（Allen）县图书馆、盐湖（Salt Lake）市的后期圣徒家谱图书馆、波士顿市的新英格兰家谱协会（New England Historical Genealogical Society）图书馆、纽约公共图书馆以及芝加哥市的纽贝里（Newberry）图书馆等建立了业务交换关系。

首都图书馆从本世纪初启动《北京记忆——大型北京文化多媒体数据库》，是国内第一家专业化的大型地域文化资源数据库。现有"北京文汇"、"旧京图典"、"燕京金石"等栏目，涉及古籍、老照片、拓片、舆图、音视频等各种载体类型，为用户提供文献浏览、全文检索、音视频点播、网上咨询等多种服务。《北京记忆》不仅提供了全面系统的北京特色文化信息产品，为图书馆公共文化服务增添了新内容，同时也开创了地方文献资源整理与呈现的新形式。

上海图书馆是全世界保存中国家谱原件数量最多的图书馆，总量 2 万多种、20 万册，约占存世中国家谱三分之一。[①] 上海图书馆于 1996 年开设了家谱阅览室，是国内首个家谱主题阅览室。在海内外 600 多个家谱收藏单位共同参与下，上海图书馆将散落世界各地的中国家谱编成《中国家谱总目》，于 2009 年出版。该联合目录共收录 52 401 种家谱目录，既完整反映全世界中国家谱收藏情况，又为寻根者提供了更多线索。从 2015 年起，上海图书馆在网上开放家谱全文阅览，首批精选 500 种家谱供读者在线阅览。2016 年初，上海图书馆利用关联数据将家谱资源和接口开放出来，读者不仅可以利用家谱资源，而且可以参与资源开发，促进基于互联网的数据资源共享和再利用。

① 许婧．海外华人寻根热 上图家谱室查询忙．中国新闻网．2011-04-09．http://www.chinanews.com/zgqj/2011/04-09/2961779.shtml.

索　引

Index

C

D

E

F

G

H

J

K

L

M

N

P

Y

Z

索　引

Index

C

J

K

L

M

N

O

P

Q

R

S